L'EX-PRÉFET POUJADE

ET

NOS DÉMOCRATES VAUCLUSIENS

Jugés par leurs Dépêches

158

128

L'EX-PRÉFET POUJADE

ET

NOS DÉMOCRATES VAUCLUSIENS

Jugés par leurs Dépêches

AVIGNON

TYP. DE F. SEGUIN AÎNÉ

Rue Bouquerie, 13.

—

1873

L'EX-PRÉFET POUJADE

ET

NOS DÉMOCRATES VAUCLUSIENS

Jugés par leurs Dépêches

I

Proclamation de la République à Avignon. — Installation d'un Comité provisoire. — Rôle que jouent les citoyens Bourges et Alphandéry. — Ce dernier sollicite la révocation du conseil municipal d'Avignon entâché de légitimisme et réclame l'envoi d'un commissaire extraordinaire. — Alphonse Gent est proposé pour ce poste. — Démission du préfet de l'Empire ; il remet ses pouvoirs entre les mains du comité. — Le citoyen Poujade le remplace.— Les fusils du palais d'Avignon. — Armement de la garde nationale. — Arrivée de Gent. — Récriminations de Poujade contre les bandes de volontaires dirigées sur le dépôt du 2ᵉ zouaves. — Il signale leur indiscipline et leur état complet de dénûment. — Démission du citoyen Poujade. — La démocratie vauclusienne présente Raveau pour son successeur. — Le Comité républicain d'Avignon réclame Gent pour Commissaire spécial de la Défense. — Protestation de Poujade à ce sujet. — Bordone offre à Marc Dufraisse d'aller chercher Garibaldi, etc., etc.

Avignon, 4 septembre, 6 h. 50 soir.

Nº 476.   *Préfet à M. le Ministre de l'Intérieur à Paris.*

Dans une démonstration qu'elle vient de faire à la Préfecture, la population demande que le Gouvernement prescrive une levée en masse des habitants de Vaucluse pour la défense de la France contre les Prussiens. Je vous transmets ce vœu de la population d'Avignon.

Le Préfet de Vaucluse.

Avignon, 5 septembre, 9 h. 55 m.

Nº 479.   *Préfet de Vaucluse au Ministre de l'Intérieur, Paris.*

Conflit entre Comité républicain et Conseil municipal *légitimiste. Urgence de révoquer ce dernier*. Attendons instructions par retour du télégraphe ; si possible envoyez commissaire extraordinaire muni de pouvoirs réguliers pour le département.

L'un des membres du Comité,
Aristippe ALPHANDÉRY,
Délégué par le Comité pour le département.

———

Avignon, 5 septembre, 1 h. soir.

Nº 480. *Préfet de Vaucluse à Ministre Intérieur, Paris.*

Avignon, à la première nouvelle de nos revers, a proclamé la République.— Un comité provisoire a été nommé par la population. Ce Comité est en permanence à la Mairie, il a délégué trois de ses membres qui se tiennent également en permanence à la Préfecture. — Tout est calme et les meilleurs sentiments animent la population. On peut compter sur le bon sens et sur le patriotisme des habitants d'Avignon et de Vaucluse.

Nous n'avons encore que des nouvelles d'Orange où la République a été aussi proclamée.

Les membres du Comité siégeant à la Préfecture ont expédié par le télégraphe ordre de ne pas arrêter les opérations du tirage au sort.

Le président du Comité provisoire,
BOURGES.

Avignon, 5 septembre, 3 h. 35 soir.

Nº 484. *Le Comité provisoire de Vaucluse au Ministre de l'Intérieur, Paris.*

Nous n'avons pas reçu réponse à dépêche de ce matin. Population témoigne grande confiance en fermeté et patriotisme du citoyen Alphonse GENT attendu ici. Ne pourrait-on envoyer pouvoirs extraordinaires pour lui à Avignon, et en attendant son arrivée en investir un membre du Comité ? Besoin extrême d'un commissaire de la République à cause de *Conseil municipal légitimiste.*

Les membres du Comité provisoire de Vaucluse,

Par délégation :

Aristippe ALPHANDÉRY.

Avignon, 5 septembre, 5 h. soir.

Nº 486. *Préfet à Intérieur, Paris.*

Il n'existe plus à Avignon de municipalité. Il y a seulement un Comité qui s'est constitué de lui-même. Est-ce à ce Comité que je dois remettre mes pouvoirs ?

Le Préfet de Vaucluse.

Avignon, 5 septembre, 9 h. 47 soir.

Nº 488. *Ministre de l'Intérieur, Paris.*

Recevons dépêche adressée au maire d'Avignon. Tous les pouvoirs, de l'aveu de toute la population, sont concentrés en mains du Comité provisoire. Avignon parfaitement calme, grâce aux précautions prises. *Télégraphiez le plus tôt possible ordre qui régularise une situation acceptée par tous.*

Avis du tirage au sort favorable de tout le département.

L'un des membres du Comité :
Aristippe ALPHANDÉRY.

Avignon, 5 septembre, 10 heures.

N° 489 *bis. Préfet Vaucluse à Ministre Intérieur, Paris.*

La ville d'Avignon et le département de Vaucluse sont depuis hier dans le plus grand émoi. Le tocsin a sonné toute la nuit et sonne encore à Avignon. Il m'est impossible d'y maintenir l'ordre. Je vous envoie ma démission par le prochain courrier. Il importe que vous désigniez promptement quelqu'un pour me remplacer.

Le Préfet de Vaucluse.

Avignon, 6 septembre, 10 h. 10 soir.

N° 491. *Préfet à Intérieur, Paris.*

Je viens de remettre mes pouvoirs entre les mains du Comité d'Avignon reconnu par vous et représentant la municipalité.

Le Préfet de Vaucluse.

Carpentras, 6 septembre, 10 h. 20 m.

Poujade à M. le Ministre de l'Intérieur, Paris.

J'accepte le poste de Préfet à Avignon. Je pars de suite.

POUJADE.

Avignon, 6 septembre, 5 h. 10 soir.

Nº 493. *Préfet Vaucluse à Intérieur, Paris.*

J'ai pris possession du poste de Préfet. Je suis en fonctions à Avignon.

POUJADE.

Avignon, 7 septembre, 7 h. matin.

Nº 495. *Préfet Vaucluse à Ministre Intérieur, Paris.*

Tout va bien dans Vaucluse. Tirage au sort et révision s'accomplissent partout avec ordre, entrain et régularité.

Esprit des communes un peu noyé dans des préoccupations de municipalisme et dans les émotions de la République, mais le patriotisme palpite au-dessous. Tout s'organise pour le réveiller.

Au palais des Papes plus de 100,000 fusils tous en bon état, mais tous à pierre.

Nous allons en armer les gardes nationales qui partout s'organisent.

Garde mobile, près de 3,000 hommes, prêts à marcher.

A bientôt un rapport écrit.

Avignon, 9 septembre, 9 h. 5. soir.

N° 521. *Préfet à Ministre Intérieur, Paris.*

Le Palais des Papes renferme 130,000 fusils à silex, pas un seul à piston.

J'en ai promis 40,000 aux nationaux, pas distribué un. Par cette promesse j'ai pu activer l'organisation de la nationale qui traîne.

Je n'en délivrerai aucun sans vos ordres.

POUJADE.

Avignon, 13 septembre, 3 h. 10 soir.

N° 546. *Préfet Vaucluse à Ministre Intérieur, Paris.*

Monsieur Naquet. Lettre reçue et *bonne note.* Soyez tranquille. Tenez-moi renseigné le plus possible.

POUJADE.

Quel est ce mystère ??

Avignon, 13 septembre, 5 h.

N° 549. *Le Préfet de Vaucluse au Ministre de l'Intérieur, Paris.*

3,145. 3,336. Naquet pour Delord journal *Siècle.*

Gent arrivé. — Grand enthousiasme. — Il se tient complète disposition du gouvernement. — Agissez urgence. — Vous écris pour Cabrol.

POUJADE

Avignon, 15 septembre, 8 h. 45 m.

N.° 561. *Le Préfet de Vaucluse à M. le Ministre de la Guerre, Paris.*

J'ai reçu hier de l'intérieur une circulaire relative aux exceptions pour la mobile. La vôtre la confirme et l'explique. Je vais sur-le-champ m'y conformer. Je reçois de Marseille *des bandes de volontaires sans chefs* et *sans engagements réguliers.* J'attends le dépôt du 2e zouaves qui doit les incorporer. Mais j'ai besoin qu'on cesse de m'en adresser de nouveaux. *Je ne répondrais plus de l'ordre.*

POUJADE.

Avignon, 14 septembre, 2 h.

N° 555. *Le Préfet de Vaucluse au Ministre de l'Intérieur, Paris.*

3,256. Merci. — En tout, pour tout à la patrie, à la République, au gouvernement et à vous.

GENT.

Pour copie : POUJADE.

Avignon, 17 septembre, 2 h. 50, soir.

N° 587. *Le Préfet de Vaucluse à Ministre*
de la Guerre, Tours.

5,125. Le capitaine Prud'homme arrivé
blessé de Wœrth se met à la tête du dépôt du
2ᵉ zouaves comme le plus ancien. J'ai besoin
d'une organisation autorisée. *J'ai 2,000 volon-*
taires sur les bras sans chefs, sans habits, sans
discipline. Je sollicite pour ce vaillant officier
une augmentation de grade autant pour les
services qu'il a rendus comme pour ceux qu'il
va rendre.

POUJADE.

———

Avignon, 17 septembre, 6 h. 55, soir.

N° 590. *Le Préfet de Vaucluse au Ministre de*
la Justice (?) Tours.

5,125. J'ai ici 2,000 volontaires enrôlés pour
le 2ᵉ zouaves, tous beaux hommes, pleins d'ar-
deur. L'autorité militaire me les laisse sur les
bras. Ils sont un danger pour la ville. *Pas*
d'habits, pas d'armes, pas de chefs. Je de-
mande en grâce du campement, de l'habillement.
Ils vont bientôt être nus.

POUJADE.

———

Avignon, 18 septembre, 2 h. 5, soir.

N° 599. *Le Préfet de Vaucluse au Ministre de*
la Justice (?) Tours.

1,710. S'il manque officiers de la mobile

pour l'armée, j'aurais d'excellents choix à proposer.

En première ligne, le capitaine Esmieu Etienne-Hippolyte, actuellement capitaine trésorier — a servi 25 ans. — *Bon soldat, bon républicain.* — Je le recommande chaleureusement.

POUJADE

Avignon, 22 septembre, 2 h. 50 soir.

N° 667. *Préfet à Crémieux, délégué du gouvernement, Tours.*

Démission Préfet Poujade acceptée par vous. Démocratie vauclusienne demande vivement son remplacement provisoire par Raveau Eugène négociant. Connaissez Raveau par réunion Suze-la-Rousse. Garnier Pagès et Taxile Delord peuvent renseigner. Seul homme de la situation, unanimement réclamé. Poujade le recommande tout particulièrement.

Jacquet, Poujade, Allamelle, Allard, Cabrol, Farnaud, Gent.

POUJADE.

Avignon, 24 septembre, 6 h. 15.

N° 712. *Le Préfet de Vaucluse à Ministre, Tours.*

Devant l'héroïque décret je retire ma démission.

Nous résisterons, le midi se lèvera; il faut un homme pour achever de l'enflammer. Je désigne, et tout le monde désigne Alphonse GENT.

Appelez-le à Tours ou nommez-le directement commissaire spécial de la défense.

Nommez à Avignon un chef militaire capable et valide.

Nous sommes prêts à tous les sacrifices.

POUJADE.

Avignon, 24 septembre, 6 h. 40, soir.

N° 713. *Le Préfet de Vaucluse au Ministre de l'Intérieur, Tours.*

Accuse réception de l'ouverture de crédit de 60,000 fr. États de situation suivent par la poste.

Le Midi frémira de patriotisme, mais il faut des commissaires de la défense par régions.

POUJADE.

Avignon, 24 septembre, 10 h. 40, soir.

N° 717. *Comité républicain à M. le Ministre de l'Intérieur, à Tours.*

Le Comité républicain d'Avignon à l'unanimité, prie le Gouvernement de nommer *le citoyen Alphonse Gent commissaire général pour la défense nationale.*

Le président du Comité :

BOURGES.

Avignon, 25 septembre, 11 h. 20.

Nº 721. *Dufraisse, Ministre Intérieur, Tours.*

De retour à Avignon, vos intentions restent-
elles les mêmes qu'au départ de Tours. Je trouve
ici lettre du général, suis prêt à partir et l'a-
mener : il le demande.

BORDONE
Vu : POUJADE.

Avignon, 26 septembre, 5 h. 20, soir.

Nº 730. *Le Préfet de Vaucluse au Ministre
de l'Intérieur, Tours.*

3,120. Mouvement réparatiste s'accentue.
Urgence de rémédier. — Gent est l'homme réclamé par la situation comme commissaire général. — En tout cas répondre.

POUJADE.

Avignon, 27 septembre, 7 h. 25, soir.

Nº 745. *Le Préfet de Vaucluse, au Ministre
Intérieur, Tours.*

3,145. J'ai retiré ma démission par deux té-
légrammes. — J'ai repris mon poste. Je l'occupe. *Je demande pour Gent un poste.* J'attends
réponse : elle est indispensable.

Naquet Alfred part pour Tours, il donnera
explications sur l'état politique du Midi.

POUJADE.

Avignon, 28 septembre, 8 h. 55.

N° 746. *Le Préfet de Vaucluse au Ministre de l'Intérieur, Tours.*

3,256. Le préfet Poujade est à son poste. *Pour la septième fois il demande pour Alphonse Gent un poste impostant.* J'envoie Alfred Naquet à Tours pour cela.

POUJADE.

———

Avignon, 29 septembre, 6 h. 20.

N° 770. *Le Préfet de Vaucluse au Ministre de l'Intérieur, Tours.*

9,545. Depuis le décret de dissolution des conseils municipaux, j'ai constitué tous les comités du département sauf quelques-uns qui le seront bientôt.

Je fais suivre par courrier copie de mon arrêté.

Le Préfet :

POUJADE.

———

Avignon, 29 septembre, 8 h. 10, soir.

N° 771. *Le Préfet de Vaucluse au Ministre de l'Intérieur, Tours.*

9,545. Devant cette nomination d'un commissaire dans un département tranquille je n'ai qu'à me retirer. C'est une situation exceptionnelle qui m'humilierait, je ne puis l'accepter.

Le département ne le comprendra pas. Vous frappez en moi un républicain dévoué qui faisait aimer la république. J'accepte d'ailleurs sans récrimination, même sans regret. Répondez-moi sur-le-champ si je dois me retirer.

POUJADE.

Avignon, 30 septembre, 8 h. 32, soir.

N° 773. *Le Préfet de Vaucluse au Ministre de l'Intérieur, Tours.*

5,606. Gent et moi attendons explication. — Prion s pour une réponse prompte.

POUJADE.

Avignon, 30 septembre, 8 h. 55, m.½

N° 774. *Le Préfet de Vaucluse au Ministre Intérieur, Tours, pour Alfred Naquet.*

5,606. Si la mesure est générale ou étendue et appliquée à plusieurs départements, j'accepte les yeux fermés.

Si la mesure est spéciale à Vaucluse seulement, pour Poujade comme pour moi, ne pas accepter. Réponse de suite.

Alphonse GENT.

Vu : *Le Préfet*

POUJADE.

Avignon, 30 septembre, 10 h. 10 m.

N° 777. *Le Préfet de Vauclus? au Ministre*
de l'Intérieur, Tours.

5,606. Merci. — Alphonse Gent a reçu votre dépêche et se met en route.

POUJADE.

II

LA CURÉE DES EMPLOIS

Nominations et révocations de fonctionnaires administratifs et judiciaires (Substituts , Procureurs, Juges de Paix, Sous-Préfets, Commissaires de police, etc.). — Le cas de M. Jean Saint-Martin.— Ce que pensaient de lui Elzéar Pin et Poujade, etc., etc.

Avignon, 11 septembre, 5 h. 5 soir.

N° 529. *Préfet Vaucluse à Ministre Intérieur,*
Paris.

M. Sans, sous-préfet de Carpentras, pour m'épargner des embarras se retire, à condition d'être maintenu en non-activité. — J'ai, sauf votre avis, accepté et délégué M. Charles Teyssier.

A Orange, M. Théodore Nicolas, adoré de la population, avait provisoirement remplacé

M. Desmazis. — Je vous en avisais au moment où arrive la nomination Albert Bernard.

POUJADE.

Avignon, 11 septembre, 8 h. 10 m.

No 531. *Préfet à Intérieur, Paris.*

Prière maintenir à Orange M. Nicolas, comme sous-préfet, au moins provisoirement.

POUJADE.

Avignon, 12 septembre, 3 h. m.

No 532. *Préfet à M. le Ministre Intérieur, Paris.*

M. Nicolas à Orange est prêt à tout, mais la population le réclame et l'acclame. — Question d'ordre. — M. Bernard voudrait-il Die (Drôme) où Chevandier refuse ? Voudrait-il mission spéciale d'*inspecteur des nationaux de Vaucluse ?* Utile.

POUJADE.

Avignon, 15 septembre, 9 h. 40 soir.

N° 566. *Le Préfet de Vaucluse au Ministre de l'Intérieur, Paris.*

2963. Jean Saint-Martin ne sera pas un sous-préfet sérieux. Il mérite un poste, mais pas celui-là. M. Nicolas Théodore, avocat à Orange, conviendrait à Apt.

POUJADE.

Avignon, 15 septembre, 9 h. 45.

N° 568. *Le Préfet de Vaucluse au Secrétaire-Général de la Justice, Paris.*

2963. Je désire pour M. Roussel (1) un déplacement avec équivalence dans la magistrature assise. Ce poste conviendrait à M. Camille Fabre (2), avocat, que je recommande.

La municipalité d'Avignon à l'unanimité réclame la révocation de M. Moitessier, procureur à Avignon. — Je propose pour le remplacer M. Michel René, avocat, que je recommande aussi.

POUJADE.

———

Avignon, 17 septembre, 2 h. 2 s.

N° 585. *Le Préfet de Vaucluse à M. le Garde des Sceaux, Tours.*

5125. Je demande d'urgence et par mesure d'*ordre public la révocation du juge de paix de Pertuis* (Vaucluse), arrondissement d'Apt.

POUJADE.

———

Avignon, 17 septembre, 2 h. 2 s.

N° 586. *Préfet de Vaucluse à M. le Ministre de l'Intérieur, Paris.*

J'ai désigné M. Jacques Mazel, père, pour

(1) Alors Procureur à Carpentras.
(2) Avocat à Carpentras.

remplir les fonctions de commissaire de police à Carpentras. J'ai l'honneur de vous prier de vouloir bien ratifier cette nomination.

POUJADE.

Avignon, 18 septembre, 3 h. 30 s.

N° 600. *Préfet de Vaucluse au Ministre de la Justice.*

1710. Révocation très-réclamée des deux substituts de Carpentras, PUJO et SERVATIUS.

POUJADE.

Avignon, 20 septembre, 7 h. 30.

N 615. *Le Préfet de Vaucluse au Ministre de la Justice, Tours.*

3145. Mesures urgentes :

Sont nommés :

Procureur de la République à Avignon, M. Michel RENÉ, avocat, en remplacement de M. MOITESSIER, révoqué.

Procureur de la République à Carpentras, M. FABRE, avocat, en remplacement de M. ROUSSEL, appelé à d'autres fonctions.

Substitut du Procureur de la République à Carpentras, M. BARBERON, substitut de la République à Orange, en remplacement de M. SERVATIUS, révoqué.

Substitut du Procureur de la République à

Carpentras, M. Chamontin, substitut du Procureur de la République à Apt, en remplacement de M. Pujo, révoqué.

Substitut à Apt, Barrès Albin, avocat à Carpentras.

Substitut à Orange, Devillario Henry, avocat à Carpentras.

Poujade.

Avignon, 20 septembre, 9 h. 11 m.

Nº 619. *Le Préfet de Vaucluse au Ministre de la Justice, à Tours.*

3145. Mettre à la retraite M. Silvestre, juge de paix, et non le révoquer.

Poujade.

Avignon, 20 septembre, 9 h. 26 m.

Nº 620. *Le Préfet de Vaucluse à Ministre de la Justice, Tours.*

3145. M. Gleize-Crivelli arrive. — Je ne comptais plus sur lui ; je vais l'installer.

Poujade.

Avignon, 21 septembre, 9 h. 55 m.

Nº 633. *Alfred Naquet à Crémieux, Garde des Sceaux, Tours.*

Préfet de Vaucluse a demandé le poste de Procureur de la République à Orange pour

Michel Rᴇɴᴇ́, et le poste de Carpentras pour M. Fᴀʙʀᴇ, celui de substitut à Orange pour Dᴇᴠɪʟʟᴀʀɪᴏ, de substitut à Apt pour Bᴀʀʀᴇ̀ꜱ. Je vous rappelle cette demande que j'appuie moi-même avec énergie *dans l'intérêt du département.*

Alfred Nᴀqᴜᴇᴛ.

Vu : *Le Préfet:*

Pᴏᴜᴊᴀᴅᴇ.

Avignon, 21 septembre, 11 h. 20 s.

Nᵒ 650.   *Préfet de Vaucluse à Ministre Justice,*
Tours.

3,256. M. Michel Rᴇɴᴇ́, avocat (1), sera proposé demain pour procureur République à Draguignan. Je recommande vivement ce choix.

Je propose *dernière et urgente révocation,* celle de M. Lᴀᴄʜᴇʏꜱꜱᴇʀɪᴇ, procureur à Orange.

— M. Tʜᴏᴜʀᴇʟ, procureur général, proposera lui-même son remplaçant.

Pᴏᴜᴊᴀᴅᴇ.

Avignon, 22 septembre, 10 h. 10, m.

Nᵒ 656.   *M. le Procureur de la République*
à M. le Ministre de la Justice, Tours.

Par le courrier de ce jour je vous écris pour vous recommander M. Lᴀᴄᴀᴢᴇ Jules, juge sup-

(1) Actuellement président du tribunal de Grenoble.

pléant au tribunal civil d'Avignon, en vous priant de le nommer de suite procureur de la République à Pamiers. Ce candidat est un excellent choix. Soyez assez bon pour m'aviser par dépêche de sa nomination.

Le Procureur de la République à Avignon,
Gleize CRIVELLI.

———

Avignon, 3 octobre, 10 h. 30 m.

N° 5802. *Le Préfet de Vaucluse au Ministre Intérieur, Tours.*

3120. M. Jean SAINT-MARTIN, avocat à Apt, *absolument impossible comme secrétaire général (Note fournie par Elzéar Pin), compromis récemment dans une rixe en public,* EXTRÊMEMENT LÉGER ET COMPROMETTANT.

POUJADE.

———

Avignon, 3 octobre, 8 h. 10 s.

N° 5812. *Le Préfet de Vaucluse à Ministre Justice, Tours.*

3120. Jules Valabrègue, docteur en droit, 28 ans, accepte poste substitut Nîmes.

Eliacin NAQUET acceptera probablement. — Est absent. Répondrai bientôt.

POUJADE.

2

Avignon, 4 octobre, 10 h. 15 s.

N° 5815. *Le Préfet de Vaucluse au Ministre*
Justice, Tours.

M. Crémieux,

3145. Voici ce que me répond Eliacin NA-
QUET (1) nommé substitut du procureur-général
Lyon : « Je doute de mes forces et de ma santé
pour Lyon. — Préfèrerai avocat-général Montpellier, Nîmes, Aix. — Signé: E. Naquet.. »

POUJADE.

Avignon, 4 octobre, 8 h. 15 s.

N° 5822. *Préfet de Vaucluse à Ministre*
Justice, M. Crémieux, Tours.

3145. Eliacin NAQUET demande à être avocat-général Nîmes. — SERRES, titulaire actuel,
compromis, procès politiques. — J'appuie for-
tement. Rapport suivra.

POUJADE.

Avignon, 5 octobre, 6 h. 45.

N° 5840. *Le Préfet de Vaucluse à Ministre*
Intérieur, Tours.

3256. Agréez ma démission. Je la donne dans
le but de me rapprocher de vous par une union
plus étroite.

(1) Frère du citoyen Alfred Naquet, actuellement
professeur agrégé à la Faculté de Droit de Grenoble.
— Etait mobilisable.

Nommez Raveau intérimaire. — Je resterai
derrière lui pour la besogne (!!!).

Poujade.

Avignon, 6 octobre 1870.

*Procureur de la République d'Avignon à
Ministre de la Justice, Tours.*

Reçu lettre de ma fille. — Annonce dépêches
et lettres adressées à vous.

Au moment où j'envoie dépêche, j'apprends
que poste vice-président à Marseille est demandé. — Il est donc vacant.

Je me recommande à votre amitié.

Sous peu enverrai à madame Crémieux ce
qu'elle sait.

Le Procureur de la République,
Gleize-Crivelli.

Avignon, 8 octobre, 3 h. 15 m.

N° 5884. *M. Cazot pour Gent au Secrétariat
Général du Ministère de l'Intérieur, visée,
Tours.*

Raveau ne voulant pas accepter définitive-
ment la Préfecture de Vaucluse, pourquoi ne
donnerais-tu pas suite à la combinaison Naquet? C'est la troisième dépêche que je t'envoie.

Gustave.

Avignon, 8 octobre, 5 h. 10 s.

N 5885. *Le Procureur de la République d'Avignon à M. le Préfet de Tours, pour remettre à M. Poujade, Préfet de Vaucluse, accompagnant Garibaldi.*

J'ai demandé pour Jules Lacaze, juge suppléant à Avignon et dont le père, maire en 48, fut révoqué par l'Empire, le poste de Procureur de la République à Pamiers. — Pas de réponse à cet égard. — Le poste de Procureur à Florac est vacant par démission du titulaire, candidat à la *Constituante*. Obtenez-le, si Pamiers impossible, ou tout autre poste équivalent. Je compte sur votre amitié.

Le Procureur de la République d'Avignon,

Gleize-Crivelli.

Avignon, 8 octobre, 5 h. 36 s.

N° 5886. *Le Préfet de Vaucluse à M. Cazot, secrétaire général du Ministère de l'Intérieur, pour Alphonse Gent.*

Vous avez reçu lettre de Saint-Martin, notre ami. Je vous prie très-vivement de vous occuper immédiatement de lui, très-activement : Vous m'obligeriez infiniment. — Faudrait pour lui une *Sous-Préfecture de première classe* (1) non loin du département de Vaucluse.

(1) 3 octobre 1870. — Voir le télégramme N° 5802 où Poujade, qui pourtant n'est pas difficile en pareille matière, déclare que *St Martin* est entièrement léger et compromettant.

Vous estimez SAINT-MARTIN, moi aussi, et il a bien mérité de la République. C'est une récompense pour lui et satisfaction pour moi, ainsi que tous nos amis, vous en tête.

Pour le Préfet:

Le Délégué,

RAVEAU.

Avignon, 8 octobre, 5 h. 30, soir.

N° 5,887 *Le Préfet de Vaucluse à M. Cazot secrétaire général du Ministre de l'Intérieur, pour M. Alphonse Gent, Tours.*

Pour Poujade qui arrive à Tours demain. Prière à Poujade de se joindre à Gent pour appuyer chaudement une demande de sous-préfecture de première classe dans le Midi pour Saint-Martin. M'obligerez infiniment.

Pour le Préfet,

Le délégué : RAVEAU.

Avignon, 8 octobre, 5 h. 30.

N° 5,891. *Cazot, secrétaire général, Intérieur, Tours.*

Jules VALABRÈGUE a accepté le poste de substitut à Nîmes que Leven m'a promis pour lui. La nomination est-elle faite ? Télégraphiez-lui à Carpentras.

NAQUET.

Avignon, 9 octobre, 7 h. 55, s.

N° 5,893. *Poujade chez Gent, Comité de la guerre, Tours, visée.*

Bourelly central Avignon rappelle demande bureau de tabac vacant à Avignon depuis juin dernier.

Bourelly.

Vu, *le délégué :* Raveau.

Avignon, 10 octobre, 1 h. 25, s.

N° 5,901. *Préfet provisoire à Cazot, secrétaire général du ministère de l'Intérieur, pour Préfet Poujade Tours.*

Pin remet nombreuses demandes d'emplois à vous soumettre. Faut-il vous les adresser télégraphiquement ? Service marche régulièrement. Quand comptez-vous revenir ? Donnez-moi nouvelles. Madame est à Carpentras.

Le délégué :

Raveau.

Apt, 10 octobre, 4 h. 10, s.

N° 137. *Sous-préfet d'Apt à Gouvernement, pour Préfet Vaucluse, Poujade à Tours.*

Je suis dit-on nommé procureur de la République à Montélimart. N'est-ce pas une erreur ? *Peut-être résultat d'une intrigue de Saint-Martin :* il a dit être nommé sous-préfet d'Apt. Je désire rester à Apt le plus possible : ma femme assez fatiguée; voyage pour nous presque impossible. Agissez je vous en prie pour que je reste. Mille remercîments.

Nicolas.

Avignon, 14 octobre, 11 h, 50.

N° 5,940. *Préfet de Vaucluse à M. Jules Cazot, secrétaire général du Ministère au Petit-Séminaire, à Tours.*

On attend avec impatience la nomination de M. Jules Valabrègue, docteur en Droit. Voir M. Leven.

Poujade.

Avignon, 15 octobre, 2 h. 25.

N° 5,946. *Préfet Vaucluse à Ministre Intérieur, Tours.*

Personnel de la préfecture et des trois sous-préfectures.

Avignon, Préfet Poujade a remplacé Bohat.
Carpentras, S -P. Teyssier — Sans.
Orange, S.-P. Bernard — Desmazis.
Apt. S.-P. Nicolas — Farcy.
Secrétaire général est conservé, c'est M. Dejoux.
Vice-président est conservé, c'est M. Charpenne.
Conseiller de préf. est conservé, M. Nicolardot.
Id. M. de Calan.
Ces quatre derniers datent de l'Empire; un

rapport écrit suit dépêche. — Les quatre premiers sont régulièrement nommés.

POUJADE.

Avignon, 15 octobre, 7 h. 5.

N° 5,957. *Préfet de Vaucluse à Ministre Intérieur, Tours.*

5,125. Je propose pour conseiller de préfecture M. Jean St-Martin (1) d'Apt. Appuyé par Gent.

POUJADE.

Avignon, 17 octobre, 10 h. 50, m.

N° 5,964. *Procureur République Avignon, à Ministre de la Justice, Tours.*

Veuillez suspendre nomination de MALLET, substitut à Avignon, comme procureur à Florac. Lettre explicative vous arrivera demain.
Le procureur de la République :
M. GLEIZE-CRIVELLI.

Avignon, 17 octobre, 1 h. 25, s.

N° 5,971. *Préfet Vaucluse à Ministre Intérieur, Tours, pour Alphonse Gent.*

J'ai été indignement trompé à Vaison par MICHEL, je suis outré. — Il faut absolument

(1) Voir télégramme N° 5,802.

que Fortuné, nommé juge de paix à Vaison, soit révoqué sur l'heure, et que M. Gassin Alexandre soit nommé à sa place. Excusez-moi auprès de M. Leven, et hâtez-vous. — Qu'on invoque une erreur.

Poujade.

Avignon, 18 octobre, 2 h. 10. s.

N° 5,972. *Préfet Vaucluse à chef cabinet Ministre Justice, Tours, M. Leven, évêché.*

M. Lacaze sollicite poste substitut Avignon vacant. — Lacaze Jules déjà recommandé par moi. — Réponse télégraphique.

Poujade.

Avignon, 18 octobre, 6. h.

N° 5,975. *Préfet Vaucluse à Ministre Intérieur, Tours, pour Gent.*

Fortuné, juge Vaison, donne démission. Ne pas le révoquer : l'appeler plus tard autre poste si possible.

Poujade.

Avignon, 19 octobre, 2 h. 4.

N° 5.983. *Préfet de Vaucluse à Ministre Intérieur, Tours, pour Gent.*

A-t-on nommé M. Monier fils du maire d'Orange? Veillez-y et poussez. — Réponse.

Poujade.

Avignon, 19 octobre, 3 h. 5.

N° 5,985. *Préfet de Vaucluse à Ministre Justice, Tours, pour Naquet.*

DANIEL, juge instruction Carpentras, mérite avancement, *libéral et suspect sous l'Empire.* Peut-on le nommer conseiller dans une Cour du Midi ?

POUJADE.

Avignon, 20 octobre, 2 h. 10, s.

N° 5,996. *Le Préfet de Vaucluse à Ministre Intérieur, Tours, pour Gent.*

2,963. Il me faut *absolument et sur-le-champ* une bourse entière au Lycée d'Avignon pour Eugène-David GUILLABERT. Il y en a 10 de vacantes. — Urgence.

POUJADE

Avignon, 20 octobre, 2 h. 30, s.

N° 5,997. *Préfet de Vaucluse à Ministre Justice, Tours, pour M. Leven, à l'archevêché.*

2,963. Place vacante conseiller Cour Aix. — Je recommande très-chaleureusement M. DANIEL, juge instruction Carpentras. — Mérite à tous égards.

POUJADE.

Avignon, 21 octobre, 8 h. 45, s.

Nº 530.   *Préfet Vaucluse à Ministre Intérieur,*
Tours, pour Gent.

5,606. Demande *avec instance* une *bourse au*
Lycée d'Avignon pour fi's *David Guillabert,*
maire Carpentras ; *faible récompense de 50 ans*
de lutte pour la République. L'élève s'appelle
David-Eugène Guillabert.

POUJADE.

Avignon, 22 octobre 9 h. 30.

Nº 523.   *Préfet Vaucluse à Ministre Intérieur,*
Tours, pour Gent.

5,125. Réponds par poste à demande Auguste
Bouchet. Attendez lettre. Naquet est-il là ? En-
voyez commissaire, francs-tireurs et destination.
— Parlez pour équipement mobile Vaucluse.
— Attends réponse. — Nouveau juge de paix
Bollène comme à Vaison à changer.

POUJADE.

Avignon, 24 octobre, 9 h. 55 m.

Nº 538.   *Préfet de Vaucluse à Ministre Inté-*
rieur, Tours, pour Naquet.

3,120. Pour Sauve, juge Bollène, suspendez
mesure. — Il se justifie par réponse. — Réponse
qui arrive de moi poste est trop sévère.

POUJADE.

Avignon, 24 octobre, 1 h. s.

N° 542. *Préfet Vaucluse à Ministre Intérieur,*
pour Naquet.

3,120. Laget, préfet Nîmes, réclame chaudement DEJOUX, notre secrétaire général pour
conseiller Préfecture, avec première classe. —
J'appuie très-fortement. Faites vite, décider.
La place est vacante à Nîmes et en fera une ici.

POUJADE.

————————

Avignon, 26 octobre, 10 h. 35.

N° 563. *Préfet Vaucluse à Ministre Justice,*
Tours, pour Naquet.

3,256. Eliacin Naquet accepte poste avocat-
général, à Grenoble.

POUJADE.

————————

Avignon, 26 octobre, 10 h. 55 s.

N° 565. *Préfet Vaucluse à Ministre Intérieur,*
Tours, pour Naquet.

3,254. Que devient tout ce que j'ai écrit
pour Auguste BOUCHET ? — Répondez.

————————

Avignon, 26 octobre, 6 h.

N° 572. *Préfet Vaucluse à Ministre Intérieur,*
Tours, pour Gent et Naquet.

3,256. Propose *absolument* et *exclusivement*
pour conseiller de préfecture ou secrétaire gé-

néral, en remplacement de Dejoux Auguste, Bouchet Doumeng. — J'y tiens absolument.

POUJADE.

Avignon, 27 octobre, 10 h. 10 m.

N° 589. *Préfet de Vaucluse à Minis re Intérieur, Tours, pour Gent.*

2,563. Approuve nominations. — Ferai présentations précises par écrit. — Maintenir Sauve à Bollène, si possible.

POUJADE.

Avignon, 28 octobre, 5 h. 30.

N° 5,101. *Préfet à Ministre In érieur, Tours.*

J'accepte volontiers GIRARD Gabriel, comme colonel de la mobilisable pour l'arrondissement d'Orange.

Le Préfet de Vaucluse,
POUJADE.

Avignon, 29 octobre. 4 h. 50.

N° 5,114. *Préfet Vaucluse à Ministre Justice, Tours.*

Propose nommer juge de paix à Beaumes-de-Venise, BRACHET Emile, propriétaire.

POUJADE

Avignon, 6 novembre, 5 h. 30 s.

N° 5,170. *Préfet Vaucluse à Ministre Justice, Tou s, pour Naquet.*

3,256. Monier n'accepte pas poste substitut Die (Drôme). — Nommez à sa place CRÉMIEUX (Joseph), avocat d'Avignon.

POUJADE.

Avignon, 16 décembre, 12 h. 10 s.

N° 5,556. *Préfet de Vaucluse à M. Alfred Naquet, Commission de la Défense, Bordeaux.*

Charles MUSTON (1), nommé juge de paix à Romans (Drôme), n'a pas l'âge. Faites tout le possible et même plus pour obtenir nomination à sa place de CHAUVET (Adolphe), son beau-frère. Répondez.

Pour le Préfet :

Le Chef de Cabinet,

SAINT-MARTIN.

Avignon, 19 décembre, 5 h. 45 s.

N° 5,613. *Préfet Vaucluse à Ministre Guerre, Bordeaux.*

Je réclame d'urgence la nomination du commandant supérieur de la garde mobilisée de

(1) M. Muston, pasteur à Bordeaux, nommé par décret du 16 novembre 1870, n'avait que 24 ans.

Vaucluse. Il faut un militaire à la main armée.
— Je ne présente personne, n'ayant personne
de capable à présenter.

POUJADE.

Avignon, 4 janvier, 3 h. 12 s.

N° 758. *Préfet Vaucluse à Ministre Justice,*
Bordeaux, pour Leven.

Prière instante, n'opérer aucun mouvement
dans le tribunal de Carpentras avant d'avoir
reçu rapport écrit que j'adresse ce soir même.
Toute décision prise avant l'arrivée de ce rapport pourrait avoir des suites regrettables.

POUJADE.

Avignon, 4 janvier, 11 h. s.

N° 767. *Préfet Vaucluse à Ministre Justice,*
Bordeaux, pour M. Colonna d'Istria.

DEVILLARIO, pour raison santé, famille, con-
venance, désire poste à Carpentras : juge ou
même substitut. On pourrait envoyer BARBE-
ROUX à Grasse et DEVILLARIO à sa place, à
Carpentras. J'ai reçu lettre de M. Alexandre.

POUJADE.

Avignon, 7 janvier, 9 h. 40 m.

N° 794. *Préfet Vaucluse à Ministre Intérieur*
et Guerre, Bordeaux.

Urgente, confidentielle et personnelle pour
M. Gambetta.

Monsieur et très-cher ministre, — devant

les nominations qui se font des *Vauclusiens les plus réactionnaires, les plus impérialistes* dans la magistrature, dans l'intendance et ailleurs, et cela sans me consulter jamais, mon poste n'est plus à la Préfecture ; il est dans mon cabinet où m'attend la liberté de signaler les périls et les trahisons. La République seule peut chasser les Prussiens. Je veux rester avec la République. Un nouvel outrage pour elle est la nomination de M. DE SANNES, *ancien sous-préfet de l'Empire,* au poste de sous-intendant à Avignon. Or, lui ou moi, et toujours à vous quand même et à la République.

POUJADE.

Avignon, 9 janvier 1871, 6 h. 15.

Nº 7,147. *Préfet Vaucluse à Naquet, Secrétaire Commission Défense, Bordeaux, 30, rue Vital-Carles.*

J'ai adressé à M. Gambetta une dépêche *urgente et confidentielle,* où j'annonce ma démission si M. de SANNES est maintenu intendant. Pour réponse, je reçois la visite de M. de SANNES m'annonçant sa *nomination.* Voici mon dernier mot : lui ou moi. *J'ai assez de ces nominations de bonapartistes, d'anciens sous-préfets de l'Empire, de réactionnaires déclarés et insolents.* Avisez qui de droit, j'attends réponse immédiate.

POUJADE.

Avignon, 18 janvier, 10 h. 25 m.

N° 7,288. *Intendant Avignon à M. Pananieu, Chef de Bureau, Ministère Guerre, Bordeaux,*

Le Préfet, surpris de la mesure prise à mon égard, télégraphie au Ministre qu'il n'en demandait pas tant et accepte mon envoi à Toulon demandé par télégramme d'hier de l'intendant divisionnaire.

De Sannes.

III

Le dossier des élections et la candidature officielle.

Avignon, 19 septembre, 12 h. 11, m.

N° 605. *Le Préfet de Vaucluse au Ministre de l'Intérieur, Paris, pour M. A. Naquet.*

3,120. Votre candidature vous réclame ici impérieusement. Réponse.

Poujade.

Avignon. 20 septembre, 9 h. 10.

N° 618. *Le Préfet de Vaucluse au Ministre de l'Intérieur, Paris, pour Delord, 14, rue Chauchat.*

3,145. Soyez sans inquiétude. — Là où je suis, vous êtes.

Poujade.

Avignon, 21 septembre, 11 h. s.

N° 645.   *Le Préfet de Vaucluse au Ministre
de l'Intérieur, Tours.*

3,256. Après 12 heures de délibération
anxieuse j'accepte candidature à CONSTITUAN-
TE (1), *par nécessité pour la cause.* Je dois
donc me démettre et je me démets sauf invitation expresse contraire de votre part. — L'intérim provisoire serait rempli par le secrétaire
général, sauf votre décision. — Attends réponse.

POUJADE.

Avignon, 22 septembre.

N° 654.   *Le Préfet de Vaucluse au Ministre
de l'Intérieur, Paris, pour E. Quinet, N.-
D.-des-Champs, 14.*

2,963. Trop tard. — J'en suis navré.

POUJADE.

Avignon, 5 octobre, 10 h. 45.

N° 5,832.   *Préfet de Vaucluse au Ministre
de la Guerre Tours, pour Gent.*

3,256. Pas douté une seconde de votre
candidature certainement. — Pin se porte, Du-

(1) Ceux qui maintenant refusent à l'Assemblée
Nationale le droit de *constituer* se portaient candidats
à une *Constituante.*

puy aussi. — L'entente manque. — Donnez avis.

POUJADE.

Avignon, 7 octobre.

N° 5,847. *Alphonse Gent, secrétariat général Intérieur, Petit Séminaire, Tours.*

2,963. Reçu ta lettre du 3 courant. — Bathilde partira demain 11 heures, ne va pas le chercher.

PIN accepte candidature. — RAVEAU n'accepte pas l'intérim de la préfecture.

Ta candidature ne court aucun danger malgré deux listes qui probablement se formeront sans compter une liste légitimiste.

GUSTAVE.

Orange, 4 février, 1 h. 32.

N° 7,144. *Sous-Préfet d'Orange à Cazot, secrétaire général du ministère de l'Intérieur, Bordeaux.*

Allez-vous dans le Gard pour les élections ? Télégraphiez-moi dans tous les cas.

Albert BERNARD

Apt, 5 février 1871, 8 h. 5, m.

N° 732. *Sous-Préfet d'Apt au Ministre de la Guerre, Bordeaux.*

En vous accusant réception de votre circulaire 5,125, je propose à votre sagesse le moyen suivant POUR JOUER BISMARCK. Écrivez proclamation indignée constatant QUE LES ÉGORGEURS DE LA FRANCE SONT PLEINS DE TENDRESSE POUR LES PERSONNAGES DE L'EMPIRE et qu'en frappant ces derniers d'indignité, vous n'avez pas attenté à la liberté électorale, mais obéi à l'indignation du pays. — *Autoriser ces candidatures* avec des considérants de ce genre eût peut-être été utile. — *Donnez mot d'ordre suivant aux candidats républicains : armement à outrance pour obtenir paix honorable, mais qu'ils ne parlent pas de guerre à outrance, ce serait dangereux.*

Le Sous-Préfet :

NICOLAS.

Orange, 5 février, 9 h. 50, m.

N° 7,149. *Sous-Préfet d'Orange à Intérieur,*
Bordeaux.

Votre note relative aux incompatibilités est très bien accueillie par la population qui trouve la mesure légitimée par les observations de **M. de Bismarck.**

Albert BERNARD.

Avignon, 9 février, 7 h. 8. s.

N° 7,518. *Préfet Vaucluse à Ministre Intérieur,*
Bordeaux.

M. Gaston Crémieux, délégué de Marseille,

vient à Avignon et à la Préfecture pour récla-
mer contre élections. — Il parle de dictature
prise par vous et de Comité de Salut public
gouvernant avec vous. Ce mouvement est l'é-
cho affaibli de la Ligue du Midi. Une réponse
est nécessaire.

POUJADE.

IV

Ligue du Midi. — Attitude du citoyen Poujade.

Avignon, 29 septembre, 1 h. 10 s.

N° 760. *Préfet de Vaucluse au Ministre de
l'Intérieur, Tours.*

J'avais adhéré au projet de la *Ligue du Midi*
en vue de favoriser l'action du pouvoir central
au point de vue de la défense, surtout au point
de vue de l'organisation des forces volontaires,
ce qui est encore à faire.

Cette Ligue a publié un manifeste que je re-
pousse. Je retire l'adhésion.

Cette Ligue avortera.

Ici, état politique bon.

POUJADE.

Avignon, 2 octobre, 11 h. 15, m.

N° 5,792. *Le Préfet de Vaucluse au Ministre
de l'Intérieur, Tours, pour M. A. Naquet.*

Faites-moi connaître quel est le poste qu'a
reçu Gent et s'il peut être porté candidat au

commissariat *général de la Ligue.* Les délégués qui comptent qu'il sera nommé à une
forte majorité ne voudraient pas que ce vote
fût perdu.

POUJADE.

Avignon, 14 octobre, 6 h. 35.

N° 139.   *Préfet de Vaucluse à Ministre
Intérieur, Tours.*

1,710. Esquiros appelle 11 départements aux
armes, tous les hommes valides. — Il demande
mesures énergiques et pleins pouvoirs pour les
préfets. En un mot la *Ligue du Midi* entre en
scène. Que décide le gouvernement? Un avis
net, précis et décisif est indispensable. Je l'attends.

POUJADE

V

**Dissolution du Conseil général. — Réclama-
tions motivées par l'exemption de la mobilisation accordée aux maires et adjoints. —
Ce que pensaient sur ce point le citoyen
Poujade et le sous-préfet d'Orange.**

Avignon, 3 octobre, 4 h. 30.

N° 5,810.   *Le Préfet de Vaucluse au Ministre Intérieur, Tours.*

3,120. Je vous rappelle ma demande au sujet de la convocation du Conseil en vue d'un emprunt qui est vivement réclamé par la population. Il y a urgence. — Je vous demande si vous approuvez que j'adjoigne aux conseillers tous *réactionnaires* autant de membres pris parmi leurs anciens opposants. Cette mesure satisferait à la fois l'opinion républicaine et la loi. Réponse demandée avec instance.

POUJADE.

Avignon, 21 octobre, 2 h. 20. s.

N° 54. *Préfet de Vaucluse à Ministre Intérieur, Tours, pour M. Cazot.*

5,606. Conseil général à dissoudre. — Est-ce par décret ou par simple arrêté ? Naquet est-il là ?

POUJADE.

Avignon, 31 octobre, 8 h. 31 m.

N° 5,140. *Préfet de Vaucluse à Ministre Intérieur, Tours.*

3,120. Le 26 octobre, j'ai expédié à Tours l'arrêté portant dissolution du Conseil général et nomination d'une Commission départementale. Je vous prie autoriser par télégraphe et par décret cette nomination.

POUJADE.

Orange, 3 décembre, 10 h. 45 m.

Nº 442. *Sous-Préfet à Intérieur, Tours.*

Dans quatre communes arrondissement Orange il y a eu réclamations très-vives contre maires et adjoints exemptés de la mobilisation par leur qualité. Ces protestations se renouvelleront au moment du départ. Il vaudrait mieux trouver des maires non sujets à la mobilisation.

Albert BERNARD.

———

Avignon, 3 décembre, 7 h. 5.

Nº 5,428. *Préfet de Vaucluse à Ministre Intérieur, Tours.*

5,125. Au sujet de l'exemption des maires et adjoints j'ai donné mon avis dans un rapport il y a trois semaines. Je réclame d'accord avec l'opinion et la justice une mesure qui leur enlève toute dispense. Les maires et les adjoints ne manqueront pas.

POUJADE.

———

VI

Les citoyens Bourges et Alphandéry dénoncent au Gouvernement le comte d'Averton et demandent qu'on lui interdise de recruter des zouaves pontificaux.

———

Avignon, 4 novembre, 5 h. 45.

Nº 5,213. *Maire Avignon à Ministre Intérieur, Tours.*

Comte d'AVERTON autorisé former compagnie

zouaves pontificaux ; *œuvre légitimiste* mal vue par l'opinion publique. — Prétend avoir reçu pouvoirs de Tours. — Contre ordre attendu dans un intérêt d'ordre public. — *Formation dangereuse.*

BOURGES.

Vue et approuvée :
POUJADE.

Avignon, 4 novembre, 1870.

CABINET   N° 5,214.   *Cazot au Petit-Sémi-*
DU   *naire, Tours, pour*
MAIRE   *Naquet.*

Mairie vient d'adresser à Gambetta demande de supprimer pouvoir à d'AVERTON de former *zouaves pontificaux.* — Création dangereuse, mal vue de l'opinion républicaine. — Appuyé retrait des pouvoirs.

ALPHANDÉRY.

Vu : POUJADE.

VII

Armement francs-tireurs mobilisés. — Autorité militaire. Intendance. — Le commandant des légions de Vaucluse. — Destitution du capitaine Mortier. — Une campagne de Poujade contre les réfractaires. — Le cas de MM. Légier de Mesteyme, Marius Gras et Palun. — Acharnement du citoyen Poujade contre ces trois mobilisés, etc., etc.

Avignon, 3 octobre, 3 h. 2 m.

N° 5,809. *Le Préfet de Vaucluse à M. Glais-Bizoin, à Tours.*

3,120. Il y avait au palais d'Avignon 115,000 fusils à silex; sur l'ordre 10 fois répété du gouvernement je les ai expédiés à St-Étienne. M. Le Cesne s'est mis depuis longtemps en rapport avec moi et à ce sujet. — A l'heure qu'il est les fusils sont rendus à St-Étienne et déjà transformés, je ne sais dans quel genre.

POUJADE.

Avignon, 19 octobre, 10 h. 30 m.

N° 5,977. *Préfet à Gent, Ministère Intérieur, Tours.*

Deux compagnies francs-tireurs de 150 hommes chacune sont équipées et divisées en quatres escouades chacune. — Voici chefs nommés par élections sous direction comité de défense :

1re Cie, Capitaine	—	FABRY Frédéric.
Trésorier	—	POINET Camille.
Lieutenants chefs sections		MAUROU Louis.
		MARCELLIN Eugène.
		ROQUEYROL.
		CHAMOUX, père.

| 2e Cie, Capitaine | — | EYRAUD Albert. |
| Trésorier | — | MANENTY Édouard. |

Lieutenants
\{ JEANNIN Emmanuel (1).
\{ LEROUX Eugène.
\{ LEVERE Pierre.
\} JAISSE Jacques.

Ces deux compagnies prêtes à partir dans trois jours et exercées. — Faites nécessaire et songez armement.

POUJADE.

Avignon, 21 octobre, 6 h. 35, s.

N° 522. *Préfet Vaucluse à Ministre Intérieur, Tours.*

5,125. Général ici très-malade au lit. Intendant absent. — Affaires militaires en souffrance — Attends commission officiers des francs-tireurs. — Attends autorisation de l'emprunt ville d'Avignon. — Attends avis sur habillement garde mobile.

POUJADE.

Avignon, 21 octobre, 8 h.

N° 56. *Préfet Vaucluse à Intérieur, Tours.*

5,606. Mobilisables arrondissement Avignon 3,525 ; — mobilisables arrondissement Apt 1,282 ; — Carpentras et Orange vont en-

(1) Condamné depuis à la déportation dans une enceinte fortifiée pour participation à l'insurrection de la Guillotière à Lyon (30 avril 1871). Réfugié aujourd'hui à Genève.

voyer travail. On aura pour Vaucluse environ
8,000, 'peut-être plus. Enverrai total demain.

POUJADE.

Avignon, 3 janvier, 7 h. 5

N° 733. *Préfet Vaucluse à Ministre
Guerre, Bordeaux.*

LÉGIER, garde mobilisé de Vaucluse, se disant
admis comme secrétaire à deuxième intendance
Bordeaux, me demande permission. — Je lui
réponds télégraphiquement d'avoir à rejoindre
ici sa compagnie immédiatement. Il loge rue
Mautrec ou chez intendant militaire Godefroy.
— Veuillez faire exécuter ordre de retour.

Pour le Préfet,
Le conseiller de préfecture :

SAINT-MARTIN.

Avignon, 3 janvier, 2 h. 50.

N° 734. *Préfet de Vaucluse à Légier de
Mesteyme, rue Mautrec, 5, Bordeaux.*

En réponse à votre dépêche rejoignez votre
compagnie de la mobilisée à St-Martin-de-Cas-
tillon sans retard. J'avise ministre de la guerre
pour exécution de cet ordre. Je ne puis en
aucune manière souscrire à votre demande.

Le Préfet de Vaucluse :

POUJADE.

Avignon,

N° 778. *Préfet Vaucluse à Ministre Intérieur, Bordeaux, pour M. Glais-Bizoin.*

Malgré ma déférence extrême pour les ordres supérieurs, je ne puis souscrire à la dispense détournée *accordée au mobilisé* Légier *qui se dit* de Mesteyme. Il a été bon pour servir dans l'armée du Pape : il doit l'être pour servir la République. J'accepterais son admission dans les bureaux de l'intendance que l'opinion et nos mobilisés ne l'accepteraient pas. — Je laisse le gouvernement responsable et je ne pourrai désormais sévir contre les réfractaires et les refus en masse : je ne pourrai empêcher la dissolution de se mettre dans les rangs des mobilisés.

Poujade.

Avignon, 7 janvier, 10 h. 22 m.

N° 7,115. *Préfet de Vaucluse à Ministre Intérieur Bordeaux.*

M. Titière est arrivé avec les galons de chef de bataillon dans l'active. Son colonel l'avait autorisé espérant confirmation. Ce grade lui était nécessaire *pour le prestige.* Il est l'âme et l'espérance de nos 4 légions. — Je n'ose lui apprendre le refus : il a fait paraît-il, du grade de chef de bataillon dans l'active une condition de son acceptation au commandement supérieur. J'adjuré M. le ministre de ne pas reculer devant une mesure de laquelle dépend, je crois, l'avenir de *notre armée Vauclusienne.* Au cas du reste où il n'obtiendrait pas immédiatement le grade de chef de bataillon dans l'active, ne pourrait-on pas le lui promettre en lui conférant le commandement supérieur.

POUJADE.

Avignon, 9 janvier, 10 h. 20 m.

N° 7,130. *Préfet Vaucluse à Ministre Intérieur, à Bordeaux.*

J'attends toujours la réponse à ma dépêche relative à l'*intendant d'Avignon.* Les mobilisés sont prêts, approximativement 7,000, mais ils ont été *travaillés par des menées réactionnaires:* il faut pour qu'elles soient efficaces que toutes les mesures leur soient communes à tous.

POUJADE.

Avignon, 14 janvier, 10 h.

N° 7,303. *Préfet Vaucluse à Ministre Guerre, Bordeaux.*

L'ex-capitaine MORTIER, destitué par vous, se rend à Bordeaux. Un rapport écrit l'y accompagne. Cette dépêche l'y précède pour vous dire que cet homme a mérité cent fois toutes les rigueurs de la loi militaire. Il a *gâté, pourri, démoralisé, volé* notre dépôt des mobiles. J'appelle sur lui toute sévérité. Je sors de la caserne et j'atteste que la destitution est un châtiment insuffisant.

POUJADE.

Avignon, 18 janvier, 3 h. 20 s.

N° 7,396. *Préfet Vaucluse à Ministre de la Guerre, Bordeaux.*

M. LÉGIER DE MESTEYME qui, après avoir été attaché à l'intendance à Bordeaux, a reçu, le 5 janvier, l'ordre de se rendre dans sa compagnie de mobilisés, n'a pas encore paru. De pareils exemples démoralisent la levée et la désorganisent. J'attends comme une grâce une mesure de rigueur. *Que M. de Mesteyme rentre, ou je licencie* TOUT LE MONDE.

POUJADE.

Avignon, 19 janvier, 7 h. s.

N° 7,315. *Préfet Vaucluse à Ministre Intérieur, Bordeaux.*

J'ai peu de réfractaires, mais ceux qui le sont me font une position bien difficile. Que faire vis-à-vis de ceux qui ont absolument disparu ? Peut-on agir contre leur famille, *quand la famille est riche et manifestement complice ?*

POUJADE.

Avignon, 19 janvier, 10 h. 40 m.

N° 7,316. *Préfet Vaucluse à Ministre Intérieur,
Bordeaux, pour M. Laurier, personnelle.*

Cher ministre, si j'avais su que c'était à vous
qu'aboutissaient mes dépêches, elles n'auraient
jamais eu rien d'étrange, quelque étranges que
fussent certaines choses. -- Dès à présent, puis-
qu'elles vous arrivent, je suis tranquille, soyez
sûr que peu de mots suffiront et que tout ira
bien. — *Croyez-moi tout vôtre.* — On cher-
chera M. LÉGIER. — Mes mobilisés, quelque
travaillés qu'ils soient *par la réaction légitimiste,*
seront dignes du département et de la France.
Mais j'attends les armes ; elles sont, je crois,
en route ; qu'on se hâte. Je serai prêt avant la
date extrême.

Le Préfet de Vaucluse,
POUJADE.

Avignon, 20 janvier, 12 h. 25 s.

N° 7,338. *Préfet Vaucluse à Ministre Guerre.
Bordeaux.*

Réfractaires mobilisés. — Je réclame GRAS,
mobilisé du Pontet, près Avignon, qu'on dit
nommé officier d'état-major avec M. Clesinger.

POUJADE.

Avignon, 21 janvier 1871.

N° 7352. *Le Préfet Vaucluse à Naquet,
secrétaire commission Défense, 50, rue Vital-
Carles, Bordeaux.*

Les springfields sont-ils enfin partis? — La
place n'est plus tenable. Ce manque d'armes
est un supplice pour moi et un danger pour
nos légions. — Veillez, priez, pressez, répondez. Voyez chef de gare Bordeaux, qu'on
se hâte. Je n'y tiens plus.

POUJADE.

Avignon, 24 janvier, 5 h. s.

N° 7393. *Préfet Vaucluse à Ministre Guerre,
Bordeaux.*

Pour M. de Freycinet. — J'apprends for-
tuitement, et sans avoir été prévenu ni consulté,
que M. PALUN, mobilisé de Vaucluse et officier,
est nommé officier d'ordonnance du général
Bertrand, à Montpellier. — M. PALUN a une
position très en vue; son départ engage ma responsabilité, trouble l'organisation et compro-
met la discipline de la légion d'Avignon. — Par
honneur et par devoir, je ne puis souscrire à
cette nomination qui passe ici pour une faveur
et soulève des réclamations sérieuses. J'en écris
au général et j'ai l'honneur de vous en infor-
mer. En attendant, ordre est donné à M. PA-
LUN de rester au poste que l'élection lui a assi-
gné dans sa compagnie.

POUJADE.

Avignon, 24 janvier. 8 h. 45.

Nº 7,397. *Préfet Vaucluse à Général division,*
Bordeaux.

Marius Gras est réfractaire du ban des céli-
bataires. — Il sera réclamé par un délégué muni
d'un mandat signé de moi, et qui me répondra
de lui. Remercîment.

POUJADE.

———————

Avignon, 25 janvier, 2 h. 24.

Nº 7,399. *Préfet Vaucluse à Ministre Guerre,*
Bordeaux.

Je renouvelle ma réclamation contre la nomination PALUN, officier ordonnance Montpellier.
— Difficultés de toutes sortes. Je demande une
réponse et une solution favorable. Elle est urgente.

POUJADE.

———————

Avignon, 25 janvier, 2 h. 58 m.

Nº 7,401. *Préfet Vaucluse à Naquet, secré-*
taire commission armement, 50, Vital-Carles,
Bordeaux.

Urgente. — Veut-on absolument me lasser ?
Voyez guerre ; nomination officier, ordonnance
général Bertrand, Montpellier, impossible. —
Ne puis laisser compromettre par une faveur
sans motifs une organisation qui m'a tant coûté.

Si vous persistez, j'éclate. Voyez qui il faut : voyez Laurier : *dites-lui, Légier rendu à son poste*.

Poujade.

Avignon, 29 janvier, 3 h. 55.

N° 7,470. *Baragnon à Guerre, Bordeaux.*

Sans mettre le pied au camp des Alpines, je viens de parcourir plusieurs villages où sont cantonnés des mobilisés. Les chaussures et les vareuses *sont déjà dans un triste état*. Les exercices sont incomplets, *les réfractaires trop nombreux*. Je compte bien sur le patriotisme de notre ami Gent pour agir et organiser les départs.

Pierre Baragnon (1).

Le Préfet de Vaucluse au Ministre Intérieur, Bordeaux.

Je ne parle pas de fusils perdus. — Mon administration n'a rien perdu, ni les fusils ni le temps. Je parle de fusils promis et toujours attendus. Je parle de fusils que M. Baragnon m'attribue d'après le Ministère et que je n'ai jamais eus. Je ne parle de munitions que je n'ai pas. — Quant au commandant supérieur, je

---

(1) D'abord Préfet de Nice et plus tard inspecteur des camps régionaux de Montpellier, Lyon, Alpines, etc., etc.

comprends, quoique je les regrette, les retards à la nomination.

POUJADE.

Préfet de Vaucluse à Ministre Intérieur.

. . . .

Le Midi frémira de patriotisme ; mais il faut des commissaires de défense par régions.

POUJADE.

VIII

La valise de Garibaldi. — Foulc et Bordone. — Le procureur de la république d'Avignon transmet le casier judiciaire de Bordone au Ministre de la Justice.

Avignon, 9 octobre, 5 h. 5 s.

N° 5,852. *Bordone, aide de camp Garibaldi, Gouvernement, Tours.*

Foulc parti à Tours, arrivera lundi soir dix heures. Apporte nouvelles.

FOULC.

Valise de Garibaldi partie par express cette nuit.

RAVEAU.

Avignon, 23 novembre, 7 h. 20, s.

N° 5,357. *Procureur de la République d'Avignon à Justice, Tours.*

Copie 2,650 — 4,646 — 9,191 — 8,585 —5,858 — 1,364 —1,535 — 7,070 — 5,858 — 7,870 — 6,565 — 13 mars 1857 — 3,232 — 9,898 — 2,626 — 4,545 — 9,696 — coups et blessures, 16 fr. d'amende, 2 juillet 1858, — 3,232 — 9,898 — 2,626 — 4,545 — 9,696 — détournement d'objets saisis, 50 fr. d'amende, — 24 juillet 1860, cour 1,535 — 7,781 — escroquerie, 2 mois de prison et 50 fr. d'amende.

TRADUCTION :

Copie du casier judiciaire de Bordone :
13 mars 1857. — La Châtre — *Coups et blessures,* 16 fr. d'amende.
2 juillet 1858. — La Châtre — *Détournements d'objets saisis,* 50 fr. d'amende.
24 juillet 1860. — Cour de Paris — *Escroquerie,* 2 mois de prison et 50 fr. d'amende (1).

Le Procureur de la République d'Avignon :

GLEYSE-CRIVELLI.

(1) Il résulte de ce document la preuve que les antécédents judiciaires de Bordone étaient connus du gouvernement lorsqu'il fut nommé général (14 janvier 1871).

Avignon, 3 janvier, 3 h. 3 s.

N° 730. *Chef d'état-major armée Vosges à délégué Guerre, de Freycinet, Bordeaux.*

Voici dépêche que je reçois : *Vous êtes décidément dans la lune, officiers français donnent démission en masse y compris vos amis*, signé : GAUCKLER. J'attends à chaque instant réponse du général à une dépêche que je lui ai adressée ce matin pour terminer ici une question qu'il m'a chargé de résoudre. J'attendrai également la vôtre, car je suppose que les événements vous prouvent suffisamment ce que je vous ai prédit. — Réponse urgente. — Préfecture Avignon.

BORDONE. (1).

(1) Le 21 avril 1871, M. Ernest Picard, alors à l'Intérieur, écrivait à l'un de ses collègues du ministère :

« Monsieur le ministre et cher collègue,

« Prévenu par mon collègue des affaires étrangères « de l'entrée en France du général Bordone et d'italiens « qu'il aurait embauchés, j'ai donné ordre d'urgence « d'arrêter Bordone à Avignon.

« E. PICARD »

Le lendemain le garde des sceaux télégraphiait l'ordre d'arrestation de Bordone aux procureurs généraux d'Aix, Grenoble, Nîmes, Lyon, Bourges et Dijon.

IX

Les événements de Marseille des 31 octobre, 1er et 2 novembre, et l'attitude du citoyen Poujade.

—

Avignon, 2 novembre, 8 h. 35.

N• 5,171. *Préfet Avignon à Ministre Intérieur, Tours,*

Grand succès de Gent à Marseille. — Entrée triomphale. — Acclamations de bon augure.

Le Préfet

POUJADE.

Avignon, 2 novembre, 10 h. 20, s.

N° 5,175. *Préfet de Vaucluse à Ministre Intérieur, Tours.*

3,256. J'avais appris à 6 heures l'entrée triomphale de Gent à Marseille. Trois heures après, j'apprends que Gent a été grièvement blessé d'un coup de pistolet. — *Je suis prêt à marcher sur Marseille avec des troupes si j'en puis trouver.* — Mais les chefs militaires reconnaîtraient-ils mon autorité ? me suivront-ils ? Au besoin donnez-moi pleins pouvoirs. — J'attends d'ailleurs confirmation de la nouvelle. Mais le télégraphe est coupé à Marseille.

POUJADE.

Avignon, 3 novembre, 2 h. 10, m.

N° 5,280.   *Préfet de Vaucluse à Ministre Intérieur, Tours.*

2,963. Gent a la vie sauve, mais il est alité. La balle l'a atteint au ventre : elle est extraite. — La situation reste grave à Marseille. *Urgence de frapper un coup sévère et sûr.* Il faut pour cela deux régiments avec des chefs résolus, un de cavalerie et un d'infanterie. Je suis résolu à prendre l'initiative, je fais appel aux préfets de la Drôme, du Var, de l'Hérault; nous concentrerons nos forces et nos efforts. D'ici à demain, heure de l'action, vous avez le temps de me transmettre vos ordres. J'attends. — Télégraphiez-moi de suite.

Le Préfet de Vaucluse :

POUJADE.

Avignon, 3 novembre, 11 h. 46, m.

N° 5,184.   *Préfet de Vaucluse à Ministre Intérieur, Tours, pour M. Gambetta.*

2,963. Situation s'aggrave à Marseille d'heure en heure ; Bory très-probablement arrêté ainsi que Labadié; bâtonnier des avocats arrêté. — Garde civique maîtresse absolue. — *Esquiros caché, Delpech, Marie, cachés,* le général Rose est à Toulon, Gent blessé et alité sans danger cependant. Garde nationale en grande majorité prête à agir contre la commune, mais attend chefs, ordres, secours, munitions. — *Je vous adjure d'aviser par une mesure décisive.* Il faut là un coup prompt et sûr. A l'heure présente 3,000 hommes de troupes bien commandés suffiraient, demain il en faudra six. — J'ai télégraphié toute la nuit à mes collègues, on aurait des hommes, mais les ordres manquent pour les chefs. Donnez-moi des ordres et *prescrivez mesures énergiques.* — J'attends dans une impatience extrême. Avec une puissante démonstration il n'y aurait pas de lutte ni de sang versé.

Le Préfet de Vaucluse :
POUJADE.

Avignon, 3 novembre, 4 h. 50 s.

N° 5,155.   *Préfet Vaucluse à Ministre Intérieur, Tours, pour M. Gambetta.*

2,963.   Ai reçu dépêche annonçant mesures prises. — *Nous étions prêts et résolus.* Aurions suffi. Mais vos mesures sont meilleures et encore plus sûres. Attendons toujours, dévoués et reconnaissants. Gent va bien, on lui remettra vos dépêches.

Le Préfet de Vaucluse,
POUJADE.

Avignon, 3 novembre, 7 h. 48 s.

N° 5,158.   *Préfet de Vaucluse à Ministre Intérieur, Tours, pour M. Gambetta.*

2,963.   Gent, fièvre, a reçu vos dépêches:

Esquiros, par affiche maintient sa démission, mais blâme Tours et répudie guerre civile. Carcassonne convoque par affiches électeurs pour nommer administrateur supérieur du département et nommer général garde nationale.

Cluseret par affiche destitue Marie, appelle les mobilisés au château et fait proclamation à l'armée. Directeur et inspecteur télégraphe ont couché en prison. Gare et télégraphe occupés par gardes civiques.

Hier soir, allées Meilhan deux morts, un civique et un national. On annonce que coups de feu ont eu lieu ce soir, rue Grignan, près la poste. Albert Armand se rend à Tours par train spécial requis par lui (1). Meneur de la commune révolutionnaire, un des chefs du mouvement des civiques. Mangin et Dugat arrivent aussi. Ce sont nos amis et sûrs. Nous pourrions demain faire une démonstration armée contre Marseille ; environ 3,000 hommes pourraient marcher ; mais j'attends maintenant tout de vos propres mesures. Ici, calme parfait et dans tout le Midi.

Le *Préfet de Vaucluse*,

POUJADE.

(1) Ce train spécial a coûté la bagatelle de **3,332** f. (*Rapport de M. de Mornay sur les marchés de Marseille*, pages 49 et 179).

X

Dépêches ayant un caractère exclusivemeut privé , transmises par voie officielle violation des circulaires ministérielles.

Avignon, 1er octobre, 2 h. 55.

N° 788. *Le Préfet de Vaucluse au Ministre de l'Intérieur, à Tours , pour remettre à Alphonse Gent.*

5,125. Auguste ignore absolument l'importance de ton compte. Il envoie sur Londres 60 livres à ton ordre qu'il dit d'envoyer sans retard à l'encaissement. — Il ne peut mieux faire sans son père. Il te réclame copie de ton compte ou tout au moins le solde et la date.

Vu et approuvé :

POUJADE.

Avignon, 7 octobre, 11 h. 45.

N° 5,865. *Le Préfet de Vaucluse à Alphonse Gent, secrétariat général Ministère Intérieur, Petit-Séminaire, Tours.*

5,606. Je serai plus tranquille près de toi. — Je pars à onze heures. — Fais-moi savoir nouvelles gare Roanne. — Emporte tes effets.

BATHILDE.

Vu et approuvé :

POUJADE.

Avignon, 10 février, 5 h. 25 m.

Alfred Naquet à Verbechmoes, Commission défense, rue Vital-Carles, 20, Bordeaux.

Veuillez louer pour mon collègue Poujade une chambre analogue à la mienne.

A. NAQUET.

Avignon, 10 février, 8 h. 58 m.

Alfred Naquet à Verbechmoes, rue Vital-Carles, 20, Bordeaux.

Veuillez chercher une chambre comme la mienne pour mon collègue Pin. L'étage doit être peu élevé.

A. NAQUET.

Avignon, 14 février, 9 h. 5 m.

N° 7846. *Conseiller de préfecture à Naquet, secrétaire de la Commission d'armement, 38, rue des Remparts, Bordeaux.*

Avez-vous reçu dépêche convenue ? Vous ai expédié acte naissance Naquet, Poujade. Vous ai envoyé documents, 38, rue des Remparts. Recevez compliments. Hâtez-vous pour ce que vous savez.

Pour le Préfet :

SAINT-MARTIN.

Avignon, 14 février, 4 h. 55 s.

Secrétaire général Préfecture à Naquet, rue des Remparts, 38, Bordeaux.

Pensez-vous à moi ? Urgence. Ici tout va bien : donnez-moi de vos nouvelles. — Réponse.

Pour le Préfet :
Le Secrétaire général,
• Bouchet.

XI

Une Garibaldienne.

—

Rien d'instructif comme les rapprochements : celui-ci est relatif au citoyen apothicaire Bordone.

Avignon, 2 mars 1873.

Mon cher Haber, rédacteur du Publicateur du Jura.
. . . .
. . . .
Je n'ai jamais toléré dans les rangs de notre armée la présence des femmes.

A vous.

BORDONE.

République Française. — *Liberté, Egalité, Fraternité.* — *Armée des Vosges.* — *3º Brigade.* — *Légion Italienne-Tanara Bataillon.* — *Feuille de libération de service.*

Le général, chef de l'Etat-major, déclare et certifie que Madame Brivot *a fait le service de simple soldat ;* elle est libérée de l'armée des Vosges, où elle a rempli son devoir pendant toute la campagne, à la satisfaction de *tous ses chefs.* Elle a été blessée à Dijon, le 21 janvier 1871. Màcon, 9 mars 1871. *Le général chef de l'Etat-major,*

BORDONE.

Ne pas oublier que cette citoyenne BRIVOT,
qui fit le service de simple soldat dans l'armée
des Vosges « *à la satisfaction de tous ses chefs,* »
est une artiste chanteuse de bas étage, récemment condamnée à Lons-le-Saulnier, pour vaga-
bondage, à deux mois de prison.

UNE LECTURE ÉDIFIANTE

Supplément aux dépêches de l'ex-préfet Poujade et de nos démocrates vauclusiens

Voici un extrait du rapport sur les marchés de Marseille : il se réfère aux achats de chevaux effectués sous le préfectorat du citoyen Poujade et à un détournement d'armes commis au préjudice de l'État par les *francs-tireurs* de Vaucluse :

« Dans le département de Vaucluse 323
« chevaux furent achetés pendant le mois de
« janvier.

« Le total des sommes mandatées s'est élevé
« à . . . . 181,704 fr. 90
« Mais on avait agi avec
« une telle inexpérience, que
« le prix d'un certain nombre
« de chevaux avait été man-
« daté deux fois, et que l'on a
« dû ainsi faire reverser plus
« tard, pour trop payé, à di-
« vers vendeurs 7,200
« Il n'a donc été dépensé
« en réalité que. 174,504 90
« Les dépêches que l'un des vendeurs, le

« sieur Bernard, adressait à Avignon au sieur
« Bernard Félix, montrent combien fut préju-
« diciable aux intérêts du Trésor la précipita-
« tion avec laquelle la Commission achetait, au
« mois de janvier, les chevaux destinés à traî-
« ner des canons qui n'étaient pas encore
« commandés et ne furent livrés qu'au mois de
« juin, cinq mois après.

« 10 chevaux sont morts pendant les mois
« de janvier et février, et la revente effectuée le
« 4 mars n'a produit que 118,427 fr.

« Il convient de joindre à la perte, montant
« déjà à 56,077 fr. 90 c. celle résultant de la
« nourriture des chevaux qui n'ont jamais été
« utilisés. Le préfet lui-même, dans une dépê-
« che adressée à M. Gent, le 2 février, l'évalue
« à plus de 11,000 fr. par mois. La vente
« n'ayant pas été faite par les soins de l'admi-
« nistration, les frais résultant de l'interven-
« tion du commissaire priseur s'élèvent à
« 7,026 fr. 78 c. et sont venus s'ajouter aux
« charges de l'opération qui a été aussi désas-
« treuse qu'inutile.

« La perte totale dépasse 80,000 fr. »
Et ailleurs :

« Enfin l'autorité militaire de Marseille fut
« autorisée à distribuer des fusils de l'État aux
« francs-tireurs d'Avignon qui allaient rejoin-
« dre l'armée des Vosges. Plus tard, sur les
« instances du Comité de défense de Vaucluse,
« le gouvernement de Tours arma de Reming-

« tons les francs-tireurs qui, au lieu de réintégrer
« dans les magasins de l'État les armes qu'ils
« tenaient de l'autorité militaire de Marseille,
« les vendirent à l'armée garibaldienne, et en
« versèrent le prix, soit 12,000 fr., dans la
« caisse du Comité de défense de Vaucluse.

« Ce détournement donna lieu à une plainte
« dont fut saisi le Conseil général en 1871,
« mais il n'y fut pas donné suite sur la simple
« observation de l'ex-préfet, M. Poujade, « que
« sa responsabilité, comme celle du Comité qu'il
« avait créé, étaient complétement indépen-
« dantes du Conseil général. » On put ainsi
« éviter le débat. »

(P. V. de la séance, avril 1871 p. 50.)

Plus loin on lit encore :

. . . .

. . . .

« M. Gent fait transporter de Marseille à
« Avignon l'ancien commissaire de police de
« cette dernière ville qu'il a nommé inspecteur
« des mobilisés des Bouches-du-Rhône et nous
« voyons les personnes de la famille de M.
« Cauvin (1) jouir de la même immunité.

(1) « Comme j'avais besoin d'un aide, le préfet de
Vaucluse, M. Poujade, me proposa quelqu'un en
m'engageant vivement à le prendre. C'était M. Cauvin, qui avait été commissaire central de police à
Avignon avant le 4 septembre et qui avait, à son entière satisfaction, été chargé du service des mobiles
de Vaucluse ; je demandai en effet au ministre de
nommer M. Cauvin inspecteur du service des mobilisés, ce qui fut fait. Il est certain que si quelqu'un

« M. Gent requiert pour lui et pour les ci-
« toyens Magallon et Bayol, pour 24 ouvriers,
« pour Perre industriel des laisser-passer pour
« Avignon. . . . .

Les pièces justificatives jointes à ce rapport
méritent également d'être reproduites.

---

*Extrait de la délibération du Conseil général
de Vaucluse.*

M. le Président lit une lettre de M. Eyraud,
ex-commandant de la 2ᵉ compagnie des francs-
tireurs de Vaucluse, qui demande que l'on re-
cherche l'emploi qui a été fait des armes remi-
ses par le sieur Manenty au comité de défense
dans la personne de M. Daurces.

M. Poujade fait observer que l'administration est restée complétement étrangère aux dépenses du comité et que si la responsabilité de
quelque fonctionnaire a pu se trouver engagée
dans cette affaire, c'est la sienne, puisque le
Comité de défense a été institué par lui, mais
que sa responsabilité est complétement indépendante du Conseil général.

peut être au courant des faits qui se rattachent à
toutes les opérations relatives, soit à l'adjudication,
soit à la réception des fournitures destinées aux mobilisés, c'est M. Cauvin, qui a été directement chargé
de la surveillance de tous les marchés dont M. le Président m'a parlé. M. Cauvin est resté attaché à ce
service jusqu'en août et septembre 1871........ »
(*Extrait de la déposition de M. Gent devant la
Commission des marchés, séance du 15 janvier* 1873.)

Comité de Vaucluse, séance du 7 décembre 1870.

M. Maumet, délégué par délibération du 12 novembre dernier pour la remise aux francs-tireurs de fusils Remington, destinés à remplacer les carabines Minié dont ils étaient armés à leur départ, rend compte au Comité de l'accomplissement de sa mission et lui donne d'intéressants détails. Sur la demande de l'état-major général et *avec l'autorisation de M. le Préfet de Vaucluse,* les carabines Minié de nos francs-tireurs ont été cédées à l'armée de Garibaldi au prix de 40 fr. l'une. Le montant de cette cession est versé par M. Maumet dans la caisse du Comité.

Extrait du rapport de la Préfecture de Vaucluse.

Au 17 décembre, la commande des batteries de Vaucluse à M. Perre d'Avignon n'était encore qu'à l'état de projet ; les travaux n'étaient pas commencés, aucun traité n'avait été passé, les prix n'avaient été ni fixés ni discutés. Au dire de M. Perre, une promesse de marché lui aurait été adressée par M. Gent à la date du 16, c'est-à-dire la veille, mais il n'a pu représenter cette prétendue promesse, qui, dit-il, a été égarée. Ce ne fut donc vraisemblablement qu'au jour où M. Gent vit le ministre se préoccuper de la situation qu'il songea sérieusement, pour la première fois, à assurer la construction des batteries dont il avait entrepris la fourniture.

Lettre du Préfet de Vaucluse au Préfet de Marseille.

2 février.

Monsieur et cher collègue,

Je suis en mesure de faire payer dans le plus bref délai la somme de 74,000 fr., montant du tiers environ des deux batteries de 7 que vous avez bien voulu commander pour Vaucluse. — Pour établir la pièce complète, nécessaire à ce paiement, je vous adresse ci-joint copie d'un certificat qui sera envoyé par l'administration des finances et que je vous prie de vouloir bien m'adresser revêtu de votre signature.

Je vous serai très-obligé de me faire connaître en me retournant cette pièce et aussi exactement que possible l'époque probable de la livraison de nos batteries.

Les chevaux dont nous avons besoin sont tous achetés, les harnachements vont être livrés sous peu de jours.

J'ai à faire supporter au département des dépenses pour nourriture des chevaux qui dépassent 11,000 fr. par mois.

POUJADE.

Lettre du Préfet de Marseille au Préfet de Vaucluse.

11 février.

. . . .

Je vous prie de vouloir bien mandater au plus tôt la somme de 74,000 fr. à laquelle se rapporte ce certificat.

Doit le département de Vaucluse à M. le Préfet des Bouches-du-Rhône, la somme de 74,000 fr., représentant le tiers de deux batteries commandées au nom et pour le compte du département de Vaucluse, lesdites batteries devant être livrées le 31 mars 1871 au plus tard.

Alph. GENT.

————

Bordeaux, le 19 février 1871.

Le directeur général à M. Cazelles, trésorier-payeur général du département de Vaucluse.

Monsieur, je vous renvoie ci-joint les pièces que vous m'avez communiquées avec votre lettre du 16 février n° 52, concernant un mandat de 74,000 fr. délivré par le préfet de Vaucluse au profit de son collègue des Bouches-du-Rhône.

Ainsi que vous le faites remarquer, ce dernier n'a point qualité pour toucher les fonds, qui ne peuvent être remis qu'au créancier réel, c'est-à-dire au constructeur de batteries, signataire du marché.

Conséquemment, le mandat de paiement ci-joint doit être annulé et remplacé par un mandat au nom dudit créancier réel.

Les pièces ci-jointes devront être jointes au nouveau mandat, mais il conviendra aussi de produire une ampliation authentique du marché.

Toutefois, comme ce marché, qui m'a été communiqué par l'ayant-droit, contient entre autres conditions que le premier tiers (66,666 f. 66 c. et non pas 74,000 fr.) seront payés par avance et avant toute livraison, je crois utile, pour sauvegarder votre responsabilité, *en présence d'une disposition aussi contraire aux principes, de ne payer que sur une réquisition officielle.*

Recevez, Monsieur, l'assurance de ma considération distinguée.

Signé : F. DE ROUSSY.

Extrait du rapport de M. Durangel, sur les batteries départementales (page 81).

L'État aura donc à rembourser en cinq annuités 329,445 fr. 90 cent., et cependant le département de Vaucluse, taxé pour trois batteries, n'en aura fourni que deux.

Le prix moyen des trois batteries complètes avec 3,600 obus n'aurait pas excédé 327,000 f.

Et *nunc erudimini*, contribuables de Vaucluse !

Dépêches relatives aux marchés de Vaucluse
et aux fournitures de canons faites au département par le préfet Gent.

———

2 décembre 1870.

Préfet Vaucluse à Préfet Marseille.

Mais encore une fois, nous avons *marché* (1)
Saint-Étienne sur les bras. — Les deux per-
sonnes avaient un mandat de pure information.
— La réponse devait être faite par Comité.

Quant à une commande directe, elle est un
rêve des mandataires. Qui pouvait supposer
une telle importance à ces choses ?

POUJADE.

Avignon, 3 décembre 1870.

Préfet Vaucluse à Préfet Marseille.

Enfin, me voilà dégagé avec Saint-Étienne. —
Je me précipite vers vous, *me voilà pieds et
poings liés.*

POUJADE.

Avignon, 17 décembre, 1870.

Préfet Vaucluse à Préfet Marseille.

Ministre me demande d'urgence et *télégraphiquement prix et délai de livraisons stipulés*

(1) Ce *prétendu marché* n'a jamais existé. C'était
là *une supercherie* du docteur Poujade : il l'a déclaré
lui-même dans sa déposition devant la Commission
des marchés. (N. D. L. R.)

dans vos marchés relatifs aux batteries d'artillerie et désignés par l'ingénieur ou agent chargé de surveiller les travaux sous votre responsabilité, et me fournir tous les samedis une note sommaire sur l'avancement des travaux. — Voilà la dépêche, à vous de fournir la réponse.

POUJADE.

Poujade ignorant jusqu'au prix et délais de livraisons stipulés dans un marché conclu par lui avec son collègue des Bouches-du-Rhône, cela dépasse tout !

Avignon, 18 décembre, 1870,

Préfet de Vaucluse à Intérieur, Bordeaux.

Gent a requis les ateliers des forges et chantiers pour fournir leurs batteries à plusieurs départements. Il a voulu y comprendre Vaucluse. A ma question : où en sommes-nous, il répond : vos deux batteries ont été commandées à Avignon même sous vos yeux, et avec ma surveillance elles marcheront rapidement.

Quant aux prix des Reffye, le ministre s'est chargé de fournir le cahier des charges et tous les marchés sont passés avec cette clause qui laisse le gouvernement entièrement maître de la situation.

POUJADE.

Les marchés scandaleux
et le rôle de l'ex-préfet Poujade.

Le rapport du *marquis de Mornay* sur les
dépenses effectuées par la préfecture des Bouches-du-Rhône sous le proconsulat des citoyens
Esquiros et Gent, contient d'édifiantes révéla-
tions sur les opérations commerciales du docteur Poujade avec son collègue de Marseille.
— Il nous initie à tous les détails du trafic
auquel donne lieu la fourniture de nos batteries
d'artillerie, et nous montre le préfet Poujade
« *se livrant pieds et poings liés,* » à la discrétion de son ami Gent, et dans sa naïveté, man-
datant à son ordre une somme supérieure de
14,000 fr. à celle qu'il lui avait demandée pour
prix de ces batteries. Le marché Perre, les
précautions prises pour en dissimuler l'existence, le préfet Poujade ignorant que ces batteries ont été commandées à Avignon même,
tout cela présente un vif intérêt. C'est une page
d'histoire locale que nous tenons à mettre sous
les yeux de nos lecteurs. Nous reproduisons
aujourd'hui la partie du rapport qui se réfère
aux marchés Poujade : nous donnerons ensuite
la déposition de ce dernier dans la commission.

Rapport de M. de Mornay.

Un grand nombre de préfets confièrent à M.
Gent la fabrication de leurs batteries d'artillerie, sans même s'inquiéter de la mesure dans

laquelle ils engageaient les finances de leurs départements.

Ne pouvant donner le détail de toutes ces opérations, nous nous bornerons à citer un exemple de l'influence que M. Gent exerça sur ses collègues.

Le préfet d'Avignon, M. Poujade, chargea, le 7 novembre, le Comité de cette ville (1) de préparer les mesures propres à l'exécution du décret du 3 novembre, qui mettait à la charge du département de Vaucluse 3 batteries d'artillerie de campagne. Le Comité songea tout d'abord à confier l'exécution des canons à l'un de ses membres, M. J. Perre, mécanicien à Avignon. Sans rien décider d'une façon définitive, il chargea cet industriel et un autre des membres du Comité, de prendre les renseignements nécessaires près des grandes usines de Saint-Étienne et de Saint-Chamond. Au lieu de venir rendre compte au Comité de sa mission, M. Perre envoya, le 12 novembre, sa démission de membre du Comité en la motivant sur la jalousie excitée par la commande des batteries qu'ont bien voulu lui faire ses collègues. « Le Comité accueillit cette communica-

(1) Les membres du Comité de défense étaient MM. Duval, général commandant la subdivision ; Cabrol, rédacteur du *Démocrate* ; Croux, commandant de gendarmerie ; Escoffier, ancien officier ; Gustave Gent ; Hardy, ingénieur en chef ; Magallon ; Paul Henry ; Joseph Perre, mécanicien ; Raveau ; Rondel ; de Rouvière.

« tion avec d'autant plus d'étonnement, qu'au-
« cune décision définitive n'avait été et n'avait
« pu être prise par lui, au sujet de l'exécution
« des batteries de Vaucluse, et que M. Perre
« avait été chargé de recueillir de simples ren-
« seignements. » Le Comité, d'accord avec le
préfet, décida que les études seraient continuées
pour préparer, s'il était possible, l'exécution
des batteries par voie d'adjudication, ou pour
provoquer des propositions de la part de grands
industriels offrant les garanties nécessaires.

Ainsi, ni le préfet, ni le Comité, ne voulaient
confier le travail entier à M. Perre. Plus tard,
le préfet communiqua au Comité des propositions faites par plusieurs industriels d'Avignon
pour la construction du matériel des batteries,
et dans ses séances des 17 et 21 novembre, le
Comité s'arrêta à la pensée de commander à
l'État les canons et les projectiles et d'offrir le
matériel roulant à la concurrence de l'industrie
privée.

Mais le 30 novembre, M. Poujade transmit
au Comité l'offre du préfet des Bouches-du-
Rhône, et le Comité fut d'avis que l'on pouvait
indifféremment s'adresser à la Commission de
Saint-Étienne aux conditions indiquées par la
circulaire ministérielle du 22 novembre, ou
accepter l'offre de M. Gent, de faire construire
les batteries aux meilleures conditions possi-
bles par les ateliers des Forges et Chantiers de
la Méditerrannée, qu'il venait, disait-il, de mettre en réquisition.

Toutefois, comme le Comité avait envoyé des délégués à Marseille pour traiter directement avec les grandes compagnies industrielles, M. Poujade, dans un sentiment que l'on ne s'explique pas, si ce n'est pour gagner du temps, inventa un prétendu traité qui le liait à la Commission de Saint-Étienne et télégraphia, le 2 décembre, au préfet des Bouches-du-Rhône : « Mais encore une fois nous avons traité de « Saint-Étienne sur les bras. »

Mais se ravisant bientôt, tout en continuant la comédie du traité de Saint-Étienne *qui n'avait jamais existé que dans son imagination*, ainsi qu'il l'a lui-même formellement déclaré dans la séance du Conseil général du 17 novembre 1871, M. Poujade télégraphia à M. Gent : « Enfin me voilà dégagé avec Saint- « Étienne, je me précipite vers vous, *me voilà* « *pieds et poings liés.* » Plusieurs dépêches furent échangées entre les deux préfets ; M. Gent répondit enfin en acceptant la commande : « Vous savez bien que je ne puis rien vous re- « fuser, » télégraphie-t-il à son collègue qui lui répond : « Faites-nous donc vite deux batteries « Reffye et *soyez moins violent* avec vos amis. » Ces derniers mots sont en chiffre dans la dépêche.

Ainsi, après avoir reconnu avec le Comité de défense que l'industrie d'Avignon n'offrait pas de garanties suffisantes pour l'exécution des batteries ; après avoir longtemps hésité à accep-

ter, comme le lui conseillait le Comité, l'offre
du ministre de l'intérieur, le préfet de Vaucluse
n'a rien su décider ; il n'a formellement rejeté
qu'une offre, celle de M. Perre, et après avoir
cherché à gagner du temps en simulant un
traité avec Saint-Étienne, il se livre pieds et
poings liés, lui, ou plutôt le département qu'il
administre, à la discrétion du préfet des Bouches-du-Rhône, et nous allons voir M. Gent,
originaire de Vaucluse, confier, par un hasard
singulier, la construction des batteries de ce
département à Perre, à ce même constructeur
d'Avignon, qui n'avait pu en obtenir la commande ni du préfet, ni du Comité de Vaucluse.

En se remettant à son collègue des Bouches-
du-Rhône du soin de la fabrication des batteries de Vaucluse, M. Poujade était-il au moins
renseigné sur la portée des engagements mis à
la charge de ce département? Il est permis
d'en douter, car, lorsque le 17 décembre, le
ministre de l'intérieur lui adressa à cet égard
une demande de renseignements, le préfet de
Vaucluse se borna à transmettre cette demande
à M. Gent en lui disant :

« Voilà la dépêche, à vous de fournir la ré-
« ponse. » M. Gent télégraphia, en effet, le 17
décembre : « Répondez au ministre que les
« batteries sont commandées à Avignon même. »
M. Poujade se contenta de communiquer cette
réponse, et lorsque plus tard, sur une nouvelle
demande de M. Lévy, du 12 janvier, il télé-

graphia à son collègue Gent, pour connaître l'état d'avancement des travaux, M. Laur lui répondit : « Faites visiter les ateliers de Perre, « c'est lui qui a la commande de vos batteries. »

Ainsi, les canons qui devaient être construits dans les grandes usines du département des Bouches-du-Rhône, réquisitionnées par M. Gent, afin d'éviter des difficultés à l'inexpérience de ses collègues, ces canons ont été commandés à Avignon et le préfet de Vaucluse l'ignorait.

Il n'était pas mieux instruit sur l'époque où M. Gent avait fait la commande à M. Perre.

En effet, le rapport de la préfecture de Vaucluse, du 7 novembre 1871, explique qu'aucun traité n'avait été conclu avec M. Perre à la date du 17 décembre, et que les travaux n'étaient pas commencés. Suivant le même rapport, M. Perre n'a pu présenter la promesse de marché qu'il prétendait lui avoir été adressée le 16 décembre par M. Gent, et s'est borné à répondre que cette pièce était égarée.

Quant au prix de ces batteries, le Préfet de Vaucluse se contenta tout d'abord du renseignement suivant inséré dans une dépêche déjà citée de M. Gent, dans laquelle on lit ce qui suit : « Quant au prix, le Ministre s'étant ré- « servé de fournir le cahier des charges, tous « les marchés sont passés avec cette clause qui « laisse le gouvernement maître de la situa- « tion. »

Aucune pièce émanée du ministère de l'intérieur n'a pu autoriser M. Gent à faire cette déclaration et l'on a déjà montré qu'il a lui-même, et lui seul, fixé le prix des batteries. En
effet, lorsque le besoin d'argent devint impé-
rieux, le Préfet des Bouches-du-Rhône fit
adresser par M. Laur une circulaire qui porte,
en se basant sur de prétendues dépêches ministérielles, la demande du tiers du prix, soit :

30,000 fr. par batterie de 7 complète.

7,000 fr. pour le matériel projetant seul.

Il résulte de cette lettre que sinon le montant
du prix, ainsi que le prétend M. Gent le 17
décembre, du moins le mode et les époques de
paiement auraient été déterminés par la circulaire ministérielle qu'il ne produit pas ; mais
l'on a déjà montré que les clauses citées par
M. Gent dans ce curieux document, étaient
aussi imaginaires que le traité avec la commission de Saint-Etienne qu'avait allégué M. Poujade.

Quant à la réclamation même d'une partie
du prix, il en résulte la preuve que la fixation
du prix des batteries est bien l'œuvre unique
du Préfet des Bouches-du-Rhône.

Le 2 février, M. Poujade répondit à l'appel
de fonds du 28 janvier faite par M. Gent : « Je
« suis en état de faire payer dans le plus bref
« délai la *somme de 74,000 fr.*, montant du
« tiers environ des 2 batteries de 7 » et il lui

adressa une pièce à signer pour arriver au prompt paiement.

En même temps, et pour la première fois, il hasarda une demande de renseignement : « Je « vous serais obligé de me faire connaître aussi « exactement que possible l'époque probable « de la livraison de nos batteries. Les chevaux « sont tous achetés, j'ai à faire supporter au « département, pour leur nourriture, des dé- « penses qui dépassent 11,000 fr. par mois, les « harnachements vont être prêts... »

La somme de 74,000 fr. mise à la disposi- tion de M. Gent, est de 14,000 fr. supérieure à celle qu'il avait demandée, puisque sa circu- laire ne parle que de 30,000 fr. par batterie ; soit 60,000 fr. pour deux batteries. Il est per- mis de supposer que dans son zèle et son désir de satisfaire de suite aux exigences de son ami, M. Poujade n'a pas même pris le temps de lire attentivement la lettre du 28 janvier et a con- fondu et réuni les deux sommes indiquées dans la circulaire pour deux cas différents, savoir :

30,000 pour une batterie complète.
7,000 pour le matériel projetant seul.

Il est arrivé ainsi à composer la somme de 37,000 pour le 1[3 de chaque batterie, ou 74,000 pour les deux.

Quelque grande que fût l'erreur, elle n'a pas été relevée par M. Gent qui trouva bon d'ac- cepter le tout, et écrivit le 11 février : « Je vous

« prie de vouloir bièn mandater au plus tôt la
« somme de 74,000 fr., à laquelle se rapporte le
« certificat. »

Cette pièce, communiquée par M. Poujade à
M. Gent, et que ce dernier avait, sans observation, revêtu de sa signature, portait :

« Doit le département de Vaucluse à M. le
« Préfet des Bouches-du-Rhône, la somme de
« 74,000 fr., représentant le tiers total de deux
« batteries d'artillerie, etc. »

Ainsi, M. Gent, loin de relever la méprise de
son collègue, le pressait, pour arriver à toucher
dans le plus bref délai une somme supérieure
de 14,000 fr. à celle qu'il lui avait réclamée.
Le mandat fut délivré par M. Poujade au nom
de M. Gent. La résistance inattendue, bien que
facile à prévoir, du Trésorier général de Vaucluse qui refusa de payer au Préfet de Marseille, se portant personnellement créancier du
département de Vaucluse, sans fournir aucune
pièce, empêcha seule le succès de la combinaison. Il en fut référé à la Délégation des finances
à Bordeaux ; elle répondit le 19 février, en ap-
prouvant les objections du Trésorier général, en
lui faisant remarquer qu'il était dû le tiers du
prix, et non 74,000 fr., et en lui ordonnant de
couvrir sa responsabilité, dans tous les cas, par
une réquisition officielle.

Il est évident que la délégation des finances
voulait faire entendre, avec raison, que les irré-
gularités qui se remarquaient à chaque pas dans

la marche de cette affaire, rendaient indispensable à ceux que leurs fonctions obligeaient à y intervenir, même indirectement, de prendre toutes les précautions pour mettre leur responsabilité à couvert.

Les objections qui s'étaient élevées au moment du paiement ont probablement contribué à décider M. Gent à conclure, le 13 février, avec M. Perre, un traité régulier ; et comme on se souciait peu de donner la publicité à cet acte, ou même de le faire connaître, on eut soin de le faire enregistrer le 20 février à *Château-Renard*, c'est-à-dire assez loin d'Avignon où est domicilié M. Perre, pour qu'il fût bien difficile, sinon impossible, d'avoir la preuve de son existence.

Les premières pièces fournies par M. Perre n'ont été livrées que le 10 juin 1871.

D'après le rapport du ministre de l'intérieur, le département de Vaucluse taxé par le décret du 3 novembre à trois batteries, n'en a fourni que deux et la somme dépensée pour ces deux batteries est supérieure à celle qu'auraient coûté les trois batteries, si le Préfet, M. Poujade, au lieu de se livrer pieds et poings liés *à son collègue et ami* M. Gent, s'était adressé à la délégation de l'Intérieur, comme le lui conseillait d'abord le comité départemental de défense.

Déposition de M. Poujade.

—

Séance du vendredi, 20 décembre 1872.

—

Présidence de M. le duc d'Audiffret-Pasquier.

—

M. le Président donne l'ordre d'introduire M. Poujade.

M. LE PRÉSIDENT. Monsieur, nous avons à vous demander des éclaircissements sur votre gestion des intérêts publics, pendant que vous étiez Préfet de Vaucluse. Vous avez alors, conformément aux ordres du Ministère, cherché à procurer à votre département les batteries dont il devait fournir le contingent comme tous les autres départements. Je vous demanderai d'abord quelle marche vous avez suivie dans la commande des deux batteries, et quels motifs ont fini par vous décider à vous adresser à M. Gent.

M. POUJADE. Voici ce qui s'est passé. — Je suis parti si promptement pour me rendre à votre invitation, que je n'ai pas pris de pièces avec moi. Sans cela je vous aurais apporté un document qui aurait été à votre question la meilleure réponse. C'est le procès-verbal du comité de défense que j'avais institué dès le lendemain de mon installation comme Préfet.

M. LE PRÉSIDENT. Nous l'avons entre les mains

et si vous le voulez, nous allons le mettre à votre disposition.

M. Poujade. Ce comité de défense fut institué dès le lendemain de mon entrée à la préfecture. Et c'est par lui qu'a été traitée particulièrement la question des batteries. Il se composait, ceux de ces messieurs qui ont jeté les yeux sur le procès-verbal ont pu en juger, d'hommes très-compétents. C'étaient M. Hardy, un capitaine du génie en retraite, M. Rondel, etc.

M. le Président. Voici les noms.

M. Poujade. C'est bien cela. Quelques-unes de ces personnes qui avaient été choisies, non à cause de leur capacité, mais de leur caractère politique, se sont vite éliminées elles-mêmes ; et le comité est resté en définitive composé de M. Rondel, ingénieur en chef du département, de M. Rouvière et de M. Hardy qui n'ont pas désemparé jusqu'à ce que la question des batteries ait eu une solution.

M. Rondel a reçu de moi la mission de faire différents voyages d'enquête, relativement aux prix des batteries ; il a fait, et les souvenirs de M. Hardy sont très-précis sur ce point et il m'en a plusieurs fois entretenu depuis, il a fait plusieurs voyages à Saint-Étienne et ailleurs. Je n'ai plus eu les documents entre les mains depuis mon départ de la préfecture, mais mes souvenirs sont encore assez présents pour que je puisse m'y rapporter, et je puis affirmer qu'il

a échoué partout et qu'il est revenu de toutes
ces missions sans jamais apporter de solution.
Sur ces entrefaites, voici ce qui s'est passé. A
Avignon, on fait beaucoup de charronnage et
il y a des fonderies. Tous les chefs d'atelier
sans travail en ce moment sont venus assiéger
la préfecture en me disant : Vous allez avoir à
faire faire les batteries du département, nous
demandons à être admis à l'adjudication. Je
trouvai que rien n'était plus juste, quoique je
n'eusse aucune illusion sur leur capacité à construire ces batteries. Il n'y avait dans le chef-
lieu qu'un chef d'atelier qui fût outillé, et encore bien incomplétement, de manière à tenter
une pareille entreprise.

M. LE PRÉSIDENT. C'est M. Perre, n'est-ce
pas ?

M. POUJADE. Oui monsieur, seulement il y
eut à son sujet des tiraillements constants entre
le comité de défense et moi. Le comité de défense, qui savait qu'il était le seul qui fût à peu
près outillé, voulait traiter directement avec lui.
J'étais fort empêché, je reculais devant la pensée
de lui accorder ce privilége et j'inclinais pour
une adjudication. La solution que je proposais,
je le reconnais, était mauvaise au point de vue
pratique. Je dirai même qu'elle était tout à fait
illusoire, mais j'y voyais l'avantage de donner
une sorte de satisfaction à la population ouvrière d'Avignon qui m'obsédait de ses demandes, qui ne manquaient pas de légitimité à cause
de l'absence du travail.

Les choses allaient ainsi, lorsque j'appris directement de M. Gent qu'il avait reçu mission du gouvernement de se charger de la fourniture des batteries de plusieurs départements qu'il m'énuméra. Je fus le dernier, paraît-il, à adhérer à cette combinaison. Mais lorsque je fus informé que M. Gent était parfaitement d'accord avec le gouvernement, je consentis à ce qu'il se chargeât aussi des nôtres. Je dois dire que *dans le pays on a beaucoup critiqué cette façon de procéder. Et on m'a attaqué très-vivement au sujet de l'enregistrement tardif du traité intervenu entre la préfecture d'Avignon et M. Gent. Il est certain qu'il y a eu un traité préliminaire bien antérieur à la date de l'enregistrement.* Et quant à l'enregistrement lui-même de l'acte, j'étais absent quand il a eu lieu. J'avais été mandé à Bordeaux où j'ai passé vingt-quatre heures et c'est pendant cette absence qu'il s'est effectué.

M. LE PRÉSIDENT. Pourquoi a-t-il été fait dans une localité aussi éloignée d'Avignon?

M. POUJADE. J'en ai été aussi surpris que vous. Et de prime abord je n'ai pas compris pourquoi on avait choisi pour cela cette localité obscure de Château-Renard, les employés de la préfecture et M. Gent lui-même m'ont dit qu'on avait choisi cette localité parce que le bureau d'enregistrement qui s'y trouve était le plus rapproché du département des Bouches-du-Rhône. J'avoue que je ne sais pas jusqu'à

quel point cela est dans les habitudes adminis-
tratives. Mais c'est ainsi qu'on m'a présenté
les choses.

M. Boduin. Voulez-vous répéter, monsieur,
s'il vous plaît ?

M. le Président. M. le préfet était absent.
C'est en son absence que l'enregistrement a été
fait, et on lui a donné pour motif de la façon
dont on avait procédé, que c'était le préfet des
Bouches-du-Rhône qui avait choisi la localité
la plus voisine de son département.

Il me semble qu'il eût été bien plus simple
d'envoyer une dépêche télégraphique pour qu'on
enregistrât à Avignon, mais enfin nous prenons
acte de la déclaration de M. le préfet qu'il
croit que cet acte a été fait en dehors des usa-
ges reçus et qu'il n'en est pas responsable.

M. Poujade. M. le président, j'étais dans
une ignorance absolue.

M. le Président. Enfin ce n'est pas un acte
qui vous appartienne.

M. Poujade. Non, cela a été fait en mon
absence, je n'ai connu l'enregistrement à Château-Renard *que par les organes de la presse lo-*
cale. Mais ce qui est bien certain, c'est que la
date de l'enregistrement n'est pas la date vraie
du traité, et qu'il y a eu un traité fait par dé-
pêches.

M. le Président. Je ferai observer à M. le
préfet que M. Perre n'a jamais pu nous présenter la dépêche par laquelle il prétend avoir

reçu, le 10 décembre, la conclusion de son marché. Nous avons réclamé cette dépêche à la préfecture d'Avignon et il nous a été répondu que cette dépêche semblait n'avoir jamais existé. Dans tous les cas M. Perre n'a jamais pu la présenter.

M. Poujade. Quant à la lenteur que M. Perre a mise à faire exécuter ces travaux, voici quelle en est l'explication. Une fois les canons commandés, bien que je me considérasse comme parfaitement désintéressé dans l'affaire au point de vue de ma responsabilité personnelle, je ne jugeais pas qu'il en fût de même au point de vue des intérêts départementaux et de ma solidarité avec M. Gent. Je fis donc de fréquentes visites à l'usine de M. Perre pour y surveiller la fabrication. J'ajouterai que j'avais un autre motif d'y aller souvent, c'est qu'il y avait là une foule de gens qui venaient y chercher de l'occupation, s'imaginant en travaillant pour la guerre se soustraire à la mobilisation. J'étais donc obligé d'y aller très-souvent. Quoi qu'il en soit, la lenteur dans l'exécution des travaux est venue de l'insuffisance de l'outillage. A chaque instant je recevais des avis de M. Perre, m'informant qu'il recevait telle ou telle chose. Il n'y était question que des difficultés qu'il éprouvait. J'ai assisté moi-même à la fonte de la première pièce. Ce n'est point le 16 décembre, mais je ne crois pas que ce soit à une date bien éloignée de celle-là.

M. le Président. M. le Préfet, je vais préciser un peu plus mes questions. Je vois que vous avez résisté à la demande de M. Gent. Le 30 novembre, le Comité de défense que vous aviez institué décide qu'on peut indifféremment s'adresser à M. Gent ou à la commune de Saint-Étienne, aux conditions fixées par la circulaire ministérielle. Evidemment vous aviez à ce moment une certaine tendance à suivre de préférence cette dernière voie qui vous était indiquée par l'administration centrale, puisque vous télégraphiez à M. Gent, le 2 décembre, que vous êtes engagé vis-à-vis de Saint-Étienne. Cependant, dans la séance du Conseil général du 17 novembre 1871, *vous déclarez que le traité avec Saint-Étienne est purement imaginaire. Et ce traité imaginaire, vous l'alléguez pour vous soustraire aux exigences de M. Gent.* Alors il emploie dans ses dépêches une forme de plus en plus impérative et vous finissez par céder.

Je voudrais vous demander comment il se fait que vous ayez cédé aux instances de M. Gent, tout en vous plaignant des violences dont il usait vis-à-vis de ses amis.

M. Poujade. Il y a sans doute parmi vous, Messieurs, des personnes à qui le caractère de *M. Gent est connu. M. Gent a des formes qui lui sont particulières, que ses amis ont l'habitude de supporter, mais qui ont pu paraître plus dures dans un moment de surexcitation, comme celui*

5

où nous étions à cette époque. Je devais beaucoup *d'égards à M. Gent,* il s'était admirablement conduit à Marseille. Il avait voulu y aller seul alors que deux mille hommes à Avignon étaient prêts à le suivre, il y avait été blessé, et j'avais vu sa blessure. Tous ces souvenirs étaient présents à mon esprit ; j'ai pu être, en raison des circonstances particulières et de l'état d'esprit où je me trouvais moi-même, plus sensible que je ne l'aurais été en temps ordinaire à ce qui n'était que des piqures d'épingle, mais bien certainement ces dépêches dont vous parlez traduisent extrêmement mal les rapports que nous avions ensemble.

Quant au traité de St-Etienne, voici ce que c'est :

Le traité de St-Etienne a été ébauché. M. Hardy avait été particulièrement chargé de cette affaire, et il a reçu de Saint-Etienne des échantillons de canons et de matériel, mais ce traité n'a jamais été poussé au point qui est indiqué dans la dépêche à M. Gent. *J'ai employé là,* *vis-à-vis de lui, je ne dirai pas une supercherie,* *mais une espèce de ruse de marchand.* Et la raison en est que je voulais encore donner aux ouvriers d'Avignon, je ne dirai pas la réalité, cela était malheureusement impossible, mais l'apparence d'une adjudication. J'attermoyais donc le plus possible avec M. Gent qui avait déjà obtenu les commandes de huit départements. Je n'agissais ainsi, je le répète, que pour tâcher d'apaiser la population ouvrière d'Avignon. Il y avais là des maîtres charrons qui venaient argent en main se proposer comme adjudicataires pour toute la carrosserie, d'autres industriels qui faisaient les mêmes propositions pour la fonte des boulets. Je voulais, je le répète, leur donner une apparence de satisfaction, sachant parfaitement ne pouvoir mieux faire.

Quant au traité de St-Etienne, la vérité est qu'il a été ébauché, et que dans mes dépêches, je l'ai donné comme plus avancé qu'il ne l'a jamais été. Lorsque j'ai dit que j'étais engagé avec St-Etienne, c'était un expédient que j'employais vis-à-vis de M. Gent, *une façon de ruse de marchand* pour expliquer la lenteur que j'apportais dans cette affaire, je me faisais beaucoup plus lié vis-à-vis de Saint-Etienne que je ne l'ai jamais été, et la preuve c'est qu'il n'y a jamais eu de traité, et que M. Albert Gigot avec qui j'ai débattu cette question avant de la débattre devant le Conseil général, a reconnu, avec une loyauté aussi parfaite que son caractère, qu'il n'y en avait pas trace, que ceci avait été, je ne sais trop de quel mot me servir, *une sorte de supercherie.* M. Albert Gigot a reconnu, dis-je, qu'il n'y avait eu aucune espèce de traité. Nous nous étions réunis à trois ou quatre pour discuter les comptes de la défense nationale. Je croyais, je l'avoue fort à tort, que M. Gigot s'était prêté avec complaisance à envenimer cette question des batteries. Je me trompais absolument. M. Gigot a procédé avec une loyauté parfaite et quand je lui ai montré comment s'étaient passées les choses, il s'est empressé de le reconnaître avec une bonne foi absolue et l'a déclaré devant le Conseil général. En feuilletant le dossier qui est entre les mains du Conseil général, je suis tombé sur un passage où il est parlé du traité de Saint-Etienne comme n'ayant jamais existé.

(M. le Président donne lecture du passage indiqué par M. Poujade).

M. LE PRÉSIDENT. Est-ce là ce que vous dites ?

M. POUJADE. Oui, monsieur, c'est ce que M. Gigot a reconnu. Il n'y avait là, je le répète encore une fois, qu'un dessous de carte, si je puis m'exprimer ainsi. J'attermoyais pour donner aux ouvriers l'apparence et ce n'était qu'une apparence d'une adjudication. Et quand j'eus fait tout ce qu'il était possible de faire, je leur ai dit : Vous voyez bien que vous ne pouvez pas fabriquer de canons, du reste M. Gent a été autorisé par le gouvernement de la défense à en faire pour huit départements, le département de Vaucluse se met neuvième.

Un membre. Je demanderais à adresser une question à M. Poujade. S'il n'y a pas eu de traité passé à Saint-Étienne, avec quel intermédiaire a-t-il été en rapport à Saint-Étienne? Est-ce par correspondances, est-ce par dépê-

ches télégraphiques que ces rapports ont eu
lieu ?

M. Poujade. Mes souvenirs ne peuvent pas
être très-précis en raison de l'époque déjà éloignée où ces faits se sont passés, mais je suis à
peu près convaincu que je n'ai jamais corres-
pondu avec Saint-Étienne par dépêche télégraphique. C'est par l'intermédiaire de M. Hardy,
que, si je ne me trompe, cette correspondance
doit avoir eu lieu. Le procès-verbal des séances
du Comité de défense n'a été rédigé que d'une
façon très-sommaire, et il ne fait que donner
quelques linéaments, qu'un aperçu du travail
de ces messieurs, mais je dois dire qu'ils étaient
en permanence à la préfecture. M. Hardy particulièrement, a déployé une activité entière, il
a été chargé à différentes reprises d'aller à Saint-
Étienne, et a reçu de moi huit ou dix réquisitions. Mais la trace de ces réquisitions s'est
perdue, M. Hardy disait : Il nous faut des canons. Je rédigeais séance tenante une réquisition. M. Hardy partait avec cette réquisition,
et il revenait nous rendre compte de ses péré-
grinations. Il peut y avoir eu entre Saint-Étienne
et moi des rapports vagues, mais ils n'ont laissé
aucune trace dans mon esprit, et si quelque
chose de plus précis a pu se produire, c'est par
l'intermédiaire de M. Hardy.

M. le Président. Mon collègue, vous avez
satisfaction. Maintenant, M. Poujade, il y a un
autre fait sur lequel je vous demande de bien

rappeler vos souvenirs. Vous vous mettez dans les mains de M. Gent. M. Gent vous dit qu'il a réquisitionné des usines, que c'est dans ces usines qu'il a commandé des canons ; M. Gent a même dit avant-hier devant la Commission, que s'il avait cherché à multiplier les commandes de canons, c'était pour donner de l'ouvrage aux ateliers des Bouches-du-Rhône, qu'il y voyait un moyen d'apaisement politique, et que par conséquent le principal mobile de conduite était de faire travailler les ouvriers de son département. Eh bien! il pèse sur vous, vous cédez à ses instances, et alors les batteries que vous l'avez *autorisé à commander, il les fait exécuter, non pas dans les usines des Bouches-du-Rhône, mais chez M. Perre, à Avignon, celui-là même avec lequel vous étiez en pourparlers.* Et ce qu'il y a de plus bizarre, c'est qu'il vous laisse absolument ignorer que cette fabrication de batteries dont il avait réclamé le bénéfice au profit des usines réquisitionnées des Bouches-du-Rhône, il la donne à côté de vous, à votre porte, à M. Perre avec qui vous aviez été en rapport. Voulez-vous m'expliquer comment un fait de cette nature a pu se passer et comment, après avoir exigé que le département de Vaucluse lui confiât la confection de ses batteries, il a pu en charger qui.? les ouvriers d'Avignon et M. Perre.

M. Poujade. *Le fait est un peu personnel à M. Gent.* En voici l'explication autant que je

puis la fournir. Je ne dirai pas que j'en aie
éprouvé un froissement, dans ce moment-là j'a-
vais d'autres soucis qui me faisaient passer par-
dessus bien des choses. Mais comme vient de
le dire M le Président, cela m'a paru étrange,
et j'ai demandé des explications qui n'ont laissé
des traces nulle part.

M. LE PRÉSIDENT. Ah! pardon, en voici une
trace. Le ministre vous a demandé où en étaient
les travaux et vous avez télégraphié à M. Gent :

« Ministre me demande d'urgence et télégraphiquement prix et délais de livraison stipulés dans vos marchés relatifs aux batteries
d'artillerie et désignés par l'agent chargé de
surveiller les travaux sous votre responsabilité
et me fournir tous les samedis une note sur l'a-
vancement des travaux. Voici la dépêche, à vous
de faire la réponse. »

Ainsi le ministre invoque votre responsabilité, et il vous demande où en sont les travaux.
Et vous dites à M. Gent : Voilà la dépêche, à
vous de me fournir la réponse.

Ainsi il est évident que, le 17 décembre, vous
ignoriez si bien que les canons étaient commandés chez vous, à votre entrepreneur, que,
quand le ministre vous demandait d'en surveiller la fabrication et de lui faire une réponse
sommaire pour qu'il sache où en étaient les travaux exécutés sous votre responsabilité, vous
renvoyiez cette responsabilité à M. Gent.

J'en conclus que vous ignoriez que les canons étaient fabriqués à votre porte, et que vous vous imaginiez qu'ils étaient commandés aux usines des Bouches-du-Rhône.

Le 12 janvier vous l'ignoriez également.

« Quant aux canons, je télégraphie à mon collègue des Bouches-du-Rhône.

Il y a donc là un fait étrange et que la Commission des Marchés ne peut pas ne pas relever. C'est que vous êtes resté pendant des mois dans une ignorance absolue de l'exécution à votre porte d'un marché contracté avec le préfet des Bouches-du-Rhône, par un entrepreneur avec lequel vous aviez vous-même eu d'abord des pourparlers. C'est sur ce fait que je vous demande de rappeler vos souvenirs.

M. POUJADE. Je déclare de la façon la plus formelle que je n'ai pas ignoré aussi longtemps, que M. Gent faisait fabriquer des canons à Avignon.

Je crois qu'il y a dans la dépêche que vous avez citée un peu d'ironie, et quelque chose qui ressemble à des *représailles de la façon un peu leste dont les canons avaient été commandés.*

Mais, très-positivement, je n'ignorais pas que les canons se fabriquassent chez M. Perre.

M. LE PRÉSIDENT. A quelle époque l'avez-vous su ?

M. POUJADE. Mon Dieu, il est très-difficile de préciser. Mais je ne puis admettre qu'à l'époque où je rédigeais cette dépêche, j'ignorais cette fabrication. Les petits froissements que j'avais eu avec M. Gent y ont évidemment laissé leur trace. Quand je recevais du ministre des dépêches très-pressantes, j'éprouvais une certaine satisfaction à m'en décharger sur M. Gent. Mais à l'époque où je les ai écrites, il est certain que j'avais dû visiter l'usine de M. Perre.

M. LE PRÉSIDENT. Oui, car sans cela, *nous vous demanderions à quelle époque vous avez connu le traité avec M. Perre, dont le ministre vous renvoie la responsabilité,* car vous ne pouviez avoir une dépense aussi considérable à faire sans surveiller les travaux. Et vous-même vous nous disiez tout à l'heure que vous exerciez sur l'usine de M. Perre une surveillance incessante.

M. POUJADE. Je puis vous assurer que j'ai assisté depuis le commencement jusqu'à la fin à la fonte de la première pièce. Maintenant pour quant à la dépêche, je n'en décline en aucune façon la responsabilité.

M. LE PRÉSIDENT. Nous ne vous fournissons jamais que des originaux......

M. POUJADE. Parfaitement ! or, vous remarquerez que je vous propose un moyen de l'expliquer. Je ne puis admettre que j'aie ignoré pendant deux mois que M. Perre avait été commissionné par M. Gent. Et on trouverait un document signé de moi qui vous montrerait probablement qu'il y a là une petite représaille contre M. Gent. Je trouvais que le ministre en faisant peser sur moi la responsabilité de cette fabrication n'était pas juste à mon égard. Cette responsabilité qu'on m'attribuait devait me paraître un peu exorbitante. M. Gent s'étant déclaré absolument engagé à traiter, le préfet n'avait plus qu'à recevoir les batteries sans s'inquiéter comment et par qui elles étaient fabriquées, il n'avait plus aucune espèce de responsabilité.

M. LE PRÉSIDENT. Pénétrons plus avant dans l'ordre d'idées qui nous occupe actuellement, je vous demanderai, si vous *vous êtes soucié du prix auquel avait été consenti le marché.* Je veux bien admettre que vous ayez éprouvé un froissement et je serai même tenté de dire un froissement légitime des procédés de M. Gent, et qu'il en soit résulté cet échange de dépêches. *Mais vous étiez chargé de défendre les intérêts de votre département,* et ces froissements personnels ne me paraissent pas avoir été pour vous une raison suffisante de vous désintéresser de la charge qui devait peser sur les contribuables. Vous êtes-vous informé à M. Perre, à M. Gent du prix auquel étaient fabriqués ces batteries ? Je vais vous montrer la portée de ma question. La Commission des marchés trouve que les batteries fournies par les Bouches-du-Rhône sont d'un prix tellement supérieur qu'il n'a d'analogue nulle part. Nous avons eu des discussions avec M. Gent sur l'établissement de ses prix. Il fait ressortir le prix de ses batteries à 100,000 francs, alors qu'on en a fabriqué ailleurs et à St-Etienne même pour 65,000 francs. Ainsi par le seul fait que votre département s'adresse à M. Gent au lieu de s'adresser à St-Etienne, IL A UNE SUR-CHARGE DE 35,000 FRANCS PAR BATTERIE.

Eh bien, je vous le demande, *si vous avez exercé la surveillance que votre devoir vous imposait, si vous avez été soucieux des intérêts que vous aviez à défendre, comment se fait-il que vous n'ayez pas fait remarquer à M. Gent l'exorbitance de ces prix, et que vous n'ayez pas demandé à M. Perre comment il faisait le prix de ses batteries à 100,000 francs, alors que vous n'aviez qu'à télégraphier à St-Etienne, pour savoir que vous pouviez avoir les mêmes batteries pour 65,000 francs. Avez-vous eu souci de ces prix ?*

M. POUJADE. Tellement que des explications nombreuses ont eu lieu avec M. Perre, et des explications moins nombreuses, mais aussi nettes, avec M. Gent. Et M. Gent m'a répondu par des chiffres auxquels il n'y avait rien à dire, et avec une autorité contre laquelle il n'y avait pas d'objection à faire, car la responsabilité des batteries de Vaucluse ne pouvait peser sur deux personnes. En effet, ou M. Gent a traité à ses risques et périls, ou j'en suis moi-même responsable. Quant à avoir eu souci du prix, je l'ai eu très-grandement. Ainsi devant le Conseil général, quand cette question s'est présentée, j'ai donné des explications qui étaient très-vagues parce que je ne pouvais expliquer comment il se faisait qu'il y eût des différences entre le prix de telle ou telle provenance, n'ayant traité directement pour aucune espèce de marchés, et n'ayant pas à me mêler des marchés faits par autrui.

Quand j'ai eu à m'expliquer à ce sujet devant le Conseil général, mes explications ont donc été nécessairement assez vagues. Qu'en est-il résulté? C'est que M. Gent a été appelé non devant le Conseil général, mais devant une des sous-commissions de ce conseil, que présidait M. le Préfet de Vaucluse et là, en mon absence, il a donné des explications qui, m'a-t-on dit, avaient satisfait tout le monde, et qui étaient les mêmes que celles qu'il m'avait données sur cette différence de prix qui m'était reprochée à moi comme étant de mon fait alors que, certes, j'en étais complétement irresponsable. Car, il est certain que si j'étais venu le lendemain du traité passé par M. Gent, m'occuper de ces batteries, j'aurais été fort mal venu à me mêler d'une affaire à laquelle j'étais étranger.

Mais je le répète, j'ai été tellement frappé par la différence du prix que toutes les fois que j'en ai eu l'occasion, j'ai demandé des explications. J'ajouterai que celles qui m'ont été fournies m'ont paru sans réplique. Comme elles ont paru à toutes les personnes auxquelles M. Gent les a données.

UN MEMBRE. Vous n'avez pas souvenir des raisons que vous avez données à M. Perre.

M. POUJADE. Voici autant que je puis me souvenir, celles que m'ont données et M. Perre, et M. Gent : Ils ont mis en avant surtout un argument qui m'a frappé. C'est je crois le modèle de M. Reffye qui était adopté et mis à exécution. Quoique je ne puisse trop vous répéter combien à partir du moment où le traité a été passé avec M. Gent, tout ce qui était technique dans l'affaire a été abandonné par moi, et qu'aujourd'hui, moins que jamais, la technicité de la question, soit présente à mon esprit. Cependant, autant que mes souvenirs me servent : voici ce qui m'a été dit : M. Reffye exécutait ce genre de batteries au prix de 93,000 francs. Et l'on m'expliquait la différence de 7,000 francs par d'autres considérations qui m'échappent aujourd'hui, mais qui me fermaient la bouche, parce que je n'avais aucun moyen de contrôle. *D'ailleurs, M. Gent n'était pas assez endurant pour permettre qu'on mît en doute les explications qu'il produisait sous sa responsabilité. Enfin, ces explications se résument en ceci, que M. Reffye n'avait jamais fourni* ces canons à moins de 93 ou 95,000 francs. Puis on a allégué le renchérissement des cuivres à mesure qu'on s'éloignait du jour des premières commandes. On me disait : il y a trois mois les canons étaient fournis à tel prix, mais la matière première et l'outillage ont augmenté d'une manière extrêmement rapide.

M. LE PRÉSIDENT. Eh bien, *comme informa-tion, je vous dirai qu'on a abusé d'une lettre de M. Reffye contredite le lendemain et qui, par conséquent, n'avait aucune autorité.* M. Reffye, au contraire, a déclaré que jamais ces canons n'avaient coûté ce prix-là. Et de plus, il y a quelque chose à répondre au second argument, c'est que ce n'est pas le renchérissement qui a fait le prix de 100,000 francs, puisque dès le premier moment le prix de 100,000 f. a été fixé par M. Gent, sans qu'il l'ait débattu un seul ins-tant. Mais ceci ne vous regarde pas et vous dites avec raison que c'est lui qui a fait les prix.

Mais voici une chose qui vous est person-nelle : Quand M. Gent vous demande un paie-ment en à-compte, vous ne lui deviez que 60,000 francs, vous lui en envoyez 74,000, vous faites une erreur et M. Gent cependant persiste à garder les 74,000 francs, quoiqu'il fût éclairé par la résistance du receveur géné-ral, qui refusait de mandater les 14,000 francs en plus que vous aviez envoyés. Je vous de-mande donc pourquoi vous avez envoyé 74,000 francs au lieu de 60,000.

M. POUJADE. Messieurs, le fait est nouveau pour moi. Si vous pouvez me citer quelque document à l'appui ?...

M. LE PRÉSIDENT. Voici comment je m'ex-plique votre erreur. La circulaire porte qu'on paiera 30,000 francs par batterie de 7 complète et 7,000 fr. par batterie de 7, matériel projetant seul. Vous avez probablement additionné les deux chiffres, vous n'aviez que 30,000 francs par batterie de 7 complète. Au lieu de cela, en additionnant les deux chiffres, vous avez eu 37,000 francs, dont le double est 74,000 francs.

Là, évidemment est l'erreur. Je comprends que vous n'ayez pas d'explications à nous fournir, mais ce qui nous frappe surtout, c'est qu'ayant reconnu l'erreur dans les Bouches-du-Rhône, on ne vous en ait pas averti. Que vous ayez commis une erreur, tout le monde est exposé à pareil fait, mais que M. Gent, après que le receveur général lui a eu signalé cette erreur, ne vous en ait pas averti, c'est ce que nous trouvons singulier.

(Lecture de la lettre d'avis du receveur général).

Nous ne comprenons pas que M. Gent ne vous ait pas averti et n'ait pas fait rectifier l'erreur.

M. Poujade. Vous me prenez, Monsieur, absolument au dépourvu ; je suis dans l'impossibilité absolue de vous répondre.

M. le Président. *Ce que nous voulions relever, c'est qu'on vous a laissé dans une ignorance absolue d'une erreur au préjudice de votre département.* Je ne vous dis pas que vous ayez une responsabilité, et nous relevons le fait non pas contre vous, mais contre M. Gent qui, averti, ne vous a pas prévenu d'une erreur involontaire de votre part.

M. Poujade. Je voudrais, M. le Président en prendre cependant ma part. Ce fait, évidemment, n'a pu se passer à mon insu. Seulement j'ai dû en laisser la charge à un vieil employé de la préfecture que j'ai maintenu en fonctions en y entrant. Et comme je savais que c'était un homme d'une honorabilité absolue, j'ai dû m'en rapporter entièrement à lui. Toutefois, je ne voudrais pas, je le répète, décliner ma part de responsabilité, alors même qu'elle impliquerait une incurie ou une négligence, mais j'affirme que la question me prend au dépourvu.

M. le Président. Vous voyez, M. le Préfet, que vous d z être frappé du prix élevé de chaque bat!   Ce paiement en trop de 7,000 f. élevait le ⌐   total à 111,000 francs.

M. Poujade. Oh ! Monsieur, je l'ignorais absolument.

M. le Rapporteur. Non, car voici une lettre de M. Gent qui vous est adressée personnellement, et qui vous a averti.

(M. le Président donne lecture de cette lettre.) « Je vous prie de vouloir bien mandater au plus tôt la somme de 74,000 francs à laquelle se rapporte ce certificat.

« Signé : Gent. »

M. le Président. Aussi la faute que nous vous reprochons, c'est d'avoir laissé passer cette

petite somme de 14,000 francs sans y avoir
pris garde, ce qui portait le prix de la batterie
à plus de 110,000 francs.

M. Poujade. Est-ce que cette petite somme
a été perdue ?

M. le Président. Du tout ! Elle n'a pas été
perdue, mais elle a mis entre les mains de M.
Gent des fonds disponibles dont il s'est servi
pour autre chose, mais que vous n'aviez pas à
lui donner au nom du département de Vaucluse.

Maintenant j'ai à vous demander pourquoi
vous avez acheté tant de chevaux alors que
vous n'aviez pas de batteries ? Et je vois que
vous vous êtes inquiété de cette situation et
que, dans une dépêche, vous télégraphiez que
vos chevaux vous coûtent 11,000 fr. par mois.

« Poujade à Gent 2 février.

» Les chevaux sont tous achetés et j'ai à
faire supporter au département pour leur nourriture des dépenses qui dépassent 11,000 fr.
par mois, et je voudrais me hâter pour que ces
dépenses relativement énormes ne fussent pas
faites en pure perte. »

Pourquoi avez-vous acheté avec hâte des
chevaux qui ne devaient vous être nécessaires
que lorsqu'on vous aurait livré les batteries,
et permettez-moi d'ajouter, alors que vous aviez
des instructions ministérielles qui portaient que
les propriétaires devaient rester détenteurs des
chevaux jusqu'au jour de leur levée définitive ?

Pourquoi *avez-vous transgressé sur ce point les instructions du Ministre ?*

M. Poujade. Je dois vous dire d'abord que je n'ai pas acheté directement un seul cheval. J'ai institué dès l'origine une Commission composée du lauréat de la prime d'honneur du département de Vaucluse, et des hommes les plus considérables du pays, soit comme propriétaires, soit sous le rapport des connaissances spéciales.

Un membre. Comment les nommez-vous?

M. Poujade. C'était d'abord M. Valayé, le lauréat de la prime d'honneur du département l'année d'auparavant, M.   , un des plus riches propriétaires d'Avignon connu par ses connaissances spéciales en matière de chevaux, et qui m'était désigné par l'extrême honorabilité de son caractère, ensuite un ancien entrepreneur du service des voitures publiques et enfin un banquier. Cette Commission ne me valut pas l'approbation d'un parti qui comptait sur moi pour obtenir plus de faveurs qu'il ne fallait en restant équitable, mais il a eu l'assentiment de tous les hommes qui se connaissaient en ces matières. Il fonctionna avec un zèle égal à celui de cette première Commission dont j'ai eu l'honneur de vous parler tout à l'heure. Elle était trois fois par jour à la préfecture et voici dans quelle situation je me suis trouvé, autant qu'il m'en souvient. Le décret instituant les batteries prescrivait une réquisition. Nous devions acquérir les chevaux par ce moyen. Eh bien, dans le département de Vaucluse, sans vouloir juger en rien ce qui se passait ailleurs, on aurait porté, en procédant ainsi, à l'agriculture, à la considération du Gouvernement, et à l'ordre public, une atteinte si grave que je ne voulus pas le faire. Je pensais qu'il valait mieux que le Gouvernement courût la chance de faire lui-même des acquisitions pour son propre compte, que d'aller violemment réquisitionner et emporter les chevaux à mesure des besoins. Je consultai les personnes dont je vous ai parlé, qui me paraissent fort compétentes, et qui représentaient la classe particulière d'habitants auxquelles les réquisitions auraient été si pénibles. D'un autre côté, la crainte seule des réquisitions amenait ce résultat que les propriétaires qui avaient de bons chevaux s'empressaient de les faire disparaître et les vendaient à vil prix. Je me hâtai donc pour couper court à toutes ces inquiétudes, d'annoncer que ce serait par voie d'achat que les acquisitions de chevaux seraient faites. C'est après y avoir longuement réfléchi, et après avoir calculé le mode qui serait le moins blessant pour l'intérêt du département que j'ai pris cette détermination.

Quant à la hâte, voici ce qui se passe : à peine avait-on acheté quelques chevaux, car on les achetait un peu partout par lots de cinq et de dix, afin de faire concourir à cette vente toutes les régions du département, que le lendemain ou le surlendemain du jour qui suivit

l'arrêté, qui réglait le mode d'achat, on m'é-
crivit : « On fait disparaître les chevaux. » Si
je m'étais attendu à une enquête sur ce sujet,
j'aurais préparé un document à l'aide duquel
je pourrais répondre, je suis venu n'ayant uniquement que mes souvenirs à vous présenter.

Eh bien, je recevais à chaque instant avis
qu'on enlevait tous les chevaux du département
pour le compte d'autres départements, qui
avaient aussi résolu de procéder par voie d'a-
chat. Le fait est exact, je crois, Messieurs ?

M. LE RAPPORTEUR. Parfaitement, la circulaire laissait libre ou de réquisitionner, ou d'a-
cheter les chevaux. Et le reproche qu'on vous
fait, ce n'est pas d'avoir préféré ce dernier
moyen, mais d'avoir acheté les chevaux cinq
mois avant la livraison des canons.

M. POUJADE. Permettez, ce n'est pas aussi
prématurément, je crois, que je les ai achetés.
Ce que je puis dire, c'est que le sous-préfet
de..... m'annonçait le dépeuplement de son arrondissement et me disait : « Si vous tardez
davantage, vous ne trouverez plus un cheval. »

Maintenant, Monsieur me parle de cinq mois.
Je dois dire que je ne savais pas quand les canons seraient livrés, et que je n'étais pas en
situation de le savoir. J'avais la plus grande
répugnance à réquisitionner, je savais combien
il est pénible et douloureux pour les paysans
de se voir enlever leur bétail à vil prix. On me
racontait à ce sujet des choses tellement odieuses

que je n'aurais pas consenti à ordonner ces réquisitions. C'est en présence de cette éventualité, et aussi parce que je craignais de voir le département se dépeupler de chevaux, que je me suis décidé à acheter.

M. LE PRÉSIDENT. *Maintenant pourquoi le Comité de défense de Vaucluse a-t-il confié la transformation de 5,000 fusils à M. Perre en lui donnant 30 fr. par fusil ?*

M. POUJADE. Cela s'est fait sous l'influence de la première heure. Et quoique la responsabilité ne m'en appartienne pas réellement, je suis prêt à la prendre pour moi. Mais la vérité vraie, c'est que je n'ai *jamais été enchanté du système* de M. Perre, mais que j'étais entouré d'hommes dont la compétence ne peut être mise en doute et qui le préconisaient hautement. M. le colonel de Rouvière, officier du génie en retraite, se faisait le patron de cette transformation ; devant des hommes dont la compétence était si grande, et devant l'immense désir qu'on avait d'avoir des armes, je me trouvais fort embarrassé. Il y avait au Palais des Papes à Avignon 20,000 fusils qui ne valaient pas grand'chose, car ils ont été vendus au prix de 4 francs. Je reçus de M. Lecesne les dépêches les plus pressantes du monde qui m'ordonnaient de les envoyer à Saint-Étienne, afin qu'ils y fussent transformés. Eh bien, ces messieurs du Comité, préoccupés de ce désir d'armement qui était dans l'esprit de tous, ne voulaient pas qu'on vidât le Palais des Papes, sans qu'on se réservât au moins une provision pour le département. Le bruit s'était répandu dans toutes les campagnes voisines qu'il y avait 150,000 fusils dans le palais des Papes, et de toutes parts on venait m'en demander. Je fus obligé de les faire partir la nuit pour qu'ils ne fussent pas mis au pillage. Ces messieurs étaient, comme tout le monde, sous l'empire de la préoccupation du moment.

On m'a invité un jour aux expériences de tir du fusil inventé par M. Perre ; les expériences ont été constamment faites sous l'œil de M. le colonel de Rouvière, de M. Escoffier, ancien officier sorti, je crois, de Saint-Cyr, et qui aujourd'hui occupe dans l'industrie une position considérable, de M. Ravaux, de M. Rondel. Je suis allé assister à ces expériences et je puis dire aujourd'hui que les résultats ne m'en ont pas paru bien merveilleux. Mais à ce moment-là, j'ai consenti à tout, en protestant de ma parfaite incompétence.

M. LE PRÉSIDENT. Mais nous remarquons que la Commission d'armement les a refusés. Dans le marché du 6 février, elle a stipulé que M. Perre ne ferait plus de transformation d'après son propre système, mais d'après le type *Samain*, M. Perre alors a promis de faire une fourniture considérable qu'en définitive, il n'a pas effectuée, car il a livré seulement, je crois, 3,500 fusils le 8 mars et 1,500 le 12 avril 1871.

M. Poujade. Oui, messieurs, mais je crois
que ma responsabilité est engagée d'une façon
tout à fait secondaire.

M. le Président. Parfaitement ; nous vou-
drions seulement savoir s'il a été fait des cartouches.

M. Poujade. Oui, monsieur, c'est M. Hardy
qui a fait ces cartouches. Il avait créé lui-même
une cartoucherie dont les constructions existent
encore. Elle était annexée à l'usine Perre. J'ai
maintes fois assisté aux travaux de cette cartoucherie et voici dans quelles préoccupations,
c'est que bien qu'on n'y employât que des femmes, il s'y cachait des gens qui voulaient échap-
per à la mobilisation et que j'étais obligé d'aller y dénicher, j'en ai surpris trois ou quatre.

Il a donc été fait des cartouches, il en a été
fait en nombre proportionnel à celui des fusils.
Et je vous répéterai ce que j'ai dit devant le
Conseil général : « Nous avons sur les bras une
mauvaise affaire, je suis le premier à le reconnaître, nous avons fait une grande folie en voulant transformer tant de fusils pour le département de Vaucluse, cherchons à nous en débar-
rasser. » Nous avons, en effet, envoyé de tous
les côtés des agents pour tâcher d'en effectuer
le placement, et la vérité est qu'ils sont d'un
placement extrêmement difficile, je ne suis là
uniquement que pour ma signature. Bien certainement, je n'entends pas dire en parlant ainsi
que je n'y suis pour rien, j'y suis pour tout,

j'entends seulement vous faire comprendre sous l'empire de quelles circonstances je me suis décidé.

M. LE PRÉSIDENT. Maintenant, monsieur le préfet, une question plus importante. Il s'agit des fusils que vous avez livrés aux garibaldiens. Ainsi vos francs-tireurs de Vaucluse sont d'abord armés de carabines Minié ; plus tard ils expriment le désir d'être armés de fusils Remington.

Et alors on leur donne des Remington. Mais il y a une opération à laquelle nous ne comprenons rien du tout. Ces carabines Minié étaient bien la propriété de l'État, elles avaient été fournies par l'arsenal de Marseille.

Quelle est donc cette opération financière *qui consiste à livrer des carabines Minié appartenant à l'État et à les faire payer, à qui ? au Comité de Vaucluse, de sorte que le Comité de Vaucluse vend aux garibaldiens des fusils qui ne sont pas sa propriété, mais celle de l'État, et il touche de ce fait 12,000 francs. Que sont devenus ces 12,000 francs ?*

M. POUJADE. Mon Dieu, je suis pris au dépourvu.

M. LE PRÉSIDENT. Monsieur Poujade, les questions auxquelles vous ne pourrez répondre, vous n'avez qu'à en prendre note et la commission des marchés recevra tous les éclaircissements que vous voudrez lui donner.

M. POUJADE. Parfaitement, monsieur.

M. le Président. Après la séance on vous donnera toutes les notes nécessaires.

Mais nous remarquons que dans la séance du Conseil général d'avril 1872, cette question a été soulevée.

Vous voyez qu'au Conseil général on s'est préoccupé de cette question de savoir comment le Comité de Vaucluse a vendu des armes appartenant à l'État et encaissé cette somme de 12,000 francs.

M. Poujade. En tout cas je puis dire que si le Comité de Vaucluse a encaissé quelques fonds, il n'a jamais eu aucune comptabilité occulte et que par conséquent, il n'y a pas détournement.

M. le Président. Ces comptes n'ont pas été fournis au ministre de l'Intérieur.

M. Poujade. Très-bien, je suis le premier à regretter ceci, à savoir que 12,000 francs auraient été détournés des fonds de l'État pour être répartis par un Comité spécial qui n'avait aucune autorité. Je suis le premier à regretter cela, cela me prend bien à l'imprévu.....

M. le Président. Nous allons vous donner des renseignements.

M. Manette, délégué par délibération du 12 novembre dernier pour la remise aux francs-tireurs de fusils Remington destinés à remplacer les carabines Minié dont ils étaient armés à leur départ, rend compte au Comité de l'accomplissement de sa mission. Sur la demande

de l'état-major général, et avec l'autorisation de
M. le préfet de Vaucluse, les carabines Minié
de vos francs-tireurs ont été cédées à l'armée
de Garibaldi au prix de 40 fr. l'une ; l'argent
a été versé à la caisse du Comité.

Vous le voyez, M. le Préfet, c'est bien par
vous que cette affaire a été faite.

M. Poujade. Oui, parfaitement.

M. le Président. Et maintenant, voici ce que
vous répondez au Conseil général :

L'Administration est restée complétement
étrangère à ces dépenses, et si la responsabilité
de quelque fonctionnaire a pu se trouver engagée dans cette affaire, c'est la mienne seule,
puisque le comité de défense a été institué par
moi. Mais ma responsabilité est complétement
indépendante du Conseil général.

Nous remarquons donc que vous répondez
au Conseil général par un déclinatoire.

M. Poujade. Je ne sais sous l'empire de
quelle idée j'étais dans ce moment-là. La question ne m'a probablement pas été posée avec la
précision que vous lui donnez. Je n'ai sans
doute décliné la responsabilité que parce que je
me trouvais devant une autorité que je ne re-
connaissais pas compétente comme celle devant
laquelle je me trouve aujourd'hui.

M. le Président. Vous me demandez le
temps de réunir des renseignements ?

M. Poujade. Peut-être avons-nous considéré
les Remington comme ne venant pas de l'Etat.

Je ne sais si nous n'étions pas sous l'empire d'une idée de ce genre. Je crois même me rappeler qu'on a cru que c'était un don fait au département.

M. LE PRÉSIDENT. C'eût été une erreur. Mais cette question vous a pris à l'improviste. Nous allons vous soumettre notre dossier, vous l'examinerez avec notre auxiliaire.

Nous allons avoir un congé de quinze jours, il me semble que c'est là un délai suffisant pour les recherches que vous pouvez avoir à faire.

M. POUJADE. C'est, du reste, parce que j'ai pensé que vous vouliez utiliser ces jours de congé, M. le Président, que je me suis rendu immédiatement à votre appel. Je les utiliserai de mon mieux.

———

— Inutile d'ajouter que les renseignements complémentaires promis par le citoyen Poujade n'ont jamais été fournis à la Commission.

www.ingramcontent.com/pod-product-compliance
Lightning Source LLC
Chambersburg PA
CBHW052034270326
41931CB00012B/2486